学生のための
プレゼン上達の方法

［トレーニングと
ビジュアル化］

塚本真也
高橋志織 ［著］

朝倉書店

まえがき
学生ならびに若い科学者と技術者へ

　現役の学生諸君は，学年の各段階においてアピール力のあるプレゼンの実行が求められている．具体的には，実験レポートの口頭発表，ゼミ研究発表，卒業論文発表会，修士論文公聴会で的確なプレゼンが要求され，さらに就職面接では究極のプレゼン力が試されることになる．ところが，大多数の学生は体系的なプレゼン方法の学習機会がこれまでに1度もなかったと思われる．そのため，これらの場面でのプレゼンに対して戸惑いと恐怖を少なからず感じてしまうのである．

　若い科学者と技術者は高専・大学・大学院を卒業後，企業の研究発表会や技術報告会において人事査定に直結する重大なプレゼンに臨まねばならない．そのとき，上司に研究業務内容を確実に理解させ，そして上司からの適切な能力評価を勝ち取るために，説得力のあるプレゼンを実施したいと切望するにちがいない．

　本書は，このような学生および若い科学者と技術者を対象に，体系的な徹底訓練法によってプレゼンの基礎から応用までが自然に体で覚える段階まで的確に体得できるように執筆されている．これが本書の第1の特徴である．

　一方，プレゼンに関する従来までの類書の大部分は，プレゼン方法を単に文章だけで説明するため，具体的なプレゼンテクニックの機微を理解するのは非常に困難となっているのが実状であろう．それに対し，本書を通観すればわかるように，本書にはプロカメラマンの撮影したプレゼン状況の多くの写真が掲載されている．ジェスチャーやアイコンタクトなどの具体的なプレゼンテクニックを文章でいくら詳細に説明されてもわからないのに対し，写真だと文字どおり「百聞は一見にしかず」で一目瞭然に理解できる．このプレゼンテクニックのビジュアル化が類書には見られない本書の第2の特徴である．

　第1章のプレゼン初級編では，プレゼンの基本テクニックである話すスピード，アイコンタクト，相づちの3つを1分間プレゼンによって繰り返し徹底訓練する．また，この初級編ではプレゼン原稿を手に持って読んでしまうと，説得力の欠落したロボットプレゼンとなるのを体験することで，プレゼンでは原稿を読むのは厳禁だと強く認識させている．

第2章のプレゼン中級編では，エクセレントなプレゼンを実行するための高度なテクニックとして，ジェスチャー，語勢，間合い，声量，ムーブメント，顔の表情を3分間プレゼンによって徹底訓練している．

　第3章のプレゼン上級編では卒業論文発表会，技術報告会，学術講演会におけるプレゼン上達の極意を解説し，プレゼン採点表による徹底訓練を実施する．

　第4章のプレゼン原稿作成の極意では説得力のあるプレゼン原稿作成法を習得し，プレゼン原稿には具体的エピソードとストーリー性を織り込むことが不可欠だと理解させている．さらに，原稿作成の徹底訓練も実施しているので，エクセレントなプレゼン原稿作成には必読の章となるであろう．

　第5章のプレゼンツールの選択と使用特性では，前章までに学んだプレゼンテクニックを最大限に生かすべく，プレゼンの「内容」「聞き手」「環境」に合わせて，プレゼンソフトや企画書，模型などの様々なツールを適切に選択するための考え方について解説している．1～4章までで主として対象としてきたアカデミックなプレゼンだけでなく，ビジネス，特に対外的な場面でのプレゼンについても論じている．これから社会へとはばたいていく学生の読者にとって，見識を広げる一助となれば幸いである．

　第6章のプレゼンに効果的な情報のビジュアル化では，「聞き手や読み手に，情報やメッセージを正確に伝える」という観点から，情報を視覚的に表現することを重視し，作図やスライド作成における具体的な切り口や手法を紹介している．

2012年9月

塚本真也（第1章～第4章）
高橋志織（第5章～第6章）

【授業用資料のダウンロード】
　本書を用いてプレゼン授業を計画されている大学高専など教員の皆様は，下記のWebサイトにアクセスいただければ，本書で紹介している図表のパワーポイントとプレゼン採点表のデジタルデータをダウンロードできる．
http://www.asakura.co.jp/download.html
　本書はプレゼンの基礎から応用までを大学高専の授業で徹底訓練できるように体系化しているので，是非，本書を参考にして，学生にプレゼンテクニックの学習とその体得の講義を実施いただきたい．

目　　次

❶ プレゼン初級編：説得力のあるプレゼンとアイコンタクト …………… *1*
 1.1 本書の特徴＝プレゼンテクニックのビジュアル化 ………………… *1*
 1.2 プレゼン原稿は作成すべきか？ …………………………………… *3*
 1.3 プレゼン原稿は読むべきか？ ……………………………………… *5*
 1.4 話すスピード ………………………………………………………… *10*
 1.5 アイコンタクトと相づち …………………………………………… *11*
 1.6 アイコンタクトと相づちの徹底訓練 ……………………………… *17*
 1.7 集団へのアイコンタクトの徹底訓練 ……………………………… *20*
 1.8 独学者への徹底訓練 ………………………………………………… *23*
  1.8.1 独学による「原稿あり」と「原稿なし」プレゼンの差異確認 *23*
  1.8.2 独学によるアイコンタクト軌跡の徹底訓練 *25*
  1.8.3 独学によるアイコンタクト・相づちの徹底訓練 *26*
  1.8.4 独学による軌跡移動式アイコンタクトの徹底訓練 *27*
  1.8.5 独学による左右120度式アイコンタクトの徹底訓練 *27*

❷ プレゼン中級編：高度なプレゼンテクニックの体得 …………… *29*
 2.1 高度なプレゼンテクニック ………………………………………… *29*
 2.2 声量 …………………………………………………………………… *30*
 2.3 語勢と間合い ………………………………………………………… *34*
 2.4 ジェスチャー ………………………………………………………… *39*
 2.5 ムーブメント ………………………………………………………… *46*
 2.6 顔の表情 ……………………………………………………………… *49*
 2.7 3分間プレゼン徹底訓練 …………………………………………… *51*
 2.8 3分間プレゼン試験の実施 ………………………………………… *54*
 2.9 良いプレゼン例の紹介 ……………………………………………… *56*
 2.10 悪いプレゼン例の紹介 …………………………………………… *60*

目　次

❸ プレゼン上級編：学術講演会におけるプレゼン上達の極意 …………… 65
　3.1　プレゼンテーションの種類 ………………………………………… 65
　3.2　学術講演会のスケジュールと講演の手順 ………………………… 66
　3.3　学術講演会におけるプレゼン上達の極意 ………………………… 70
　3.4　学術講演の徹底訓練 ………………………………………………… 78

❹ プレゼン原稿作成の極意：説得力のあるプレゼン原稿作成法 ………… 80
　4.1　説得力のある原稿作成ルール～具体性とストーリー性～ ……… 80
　4.2　プレゼン原稿作成の徹底訓練 ……………………………………… 87

❺ プレゼンツールの選択と使用特性 ……………………………………… 90
　5.1　プレゼンの内容・聞き手・環境に合わせたツールの選択 ……… 90
　5.2　プレゼンツールの種類と使用特性 ………………………………… 92
　　5.2.1　プレゼンソフト　92
　　5.2.2　書類　96
　　5.2.3　パネル　103
　　5.2.4　模型　105
　　5.2.5　動画　107
　　5.2.6　記録板　109
　　5.2.7　模造紙　112

❻ プレゼンに効果的な情報のビジュアル化 ……………………………… 114
　6.1　情報をビジュアル化するための切り口 …………………………… 114
　　6.1.1　シンボルマーク・アイコン　114
　　6.1.2　キャラクター　116
　　6.1.3　写真　117
　　6.1.4　イラストレーション　118
　　6.1.5　グラフ　120
　　6.1.6　地図　121
　　6.1.7　構成図　123
　　6.1.8　関係図　124

6.1.9　プロセス図　*126*
　6.2　プレゼンツールのデザイン ………………………………… *127*
　　6.2.1　文字の使い方　*127*
　　6.2.2　色の使い方　*134*
　　6.2.3　レイアウト　*137*
　　6.2.4　ルール　*141*

索　　引 ……………………………………………………………… *148*

1
プレゼン初級編
説得力のあるプレゼンとアイコンタクト

1.1 本書の特徴＝プレゼンテクニックのビジュアル化

　第1章のこの開始ページを読み始めた学生あるいは若い研究者の皆さんは，プレゼンを上達したいとの願望をもって本書を手にしているはずだ．

　まず，プレゼンで一番重要なことを考えてみよう．皆さんが，本書を熟読し，内容を確実に理解するだけでプレゼンはうまくなるだろうか．

　それは到底無理である．プレゼンを上達させるには，プレゼン方法を単に頭で理解しただけではダメで，そのプレゼン方法を具体的には実践できるように体で覚える訓練が不可欠となる．プレゼンは，頭で思考した「考え」を口と舌を使って「発話」し，さらにジェスチャーと顔の表情を「加味」しながら，話の内容を的確に相手へ「伝える技術」だからだ．

　伝える技術を，まずは頭で理解することは不可欠である．しかし，たとえ頭で理解したとしても，プレゼンは上達しないことをここでまず肝に銘じていただきたい．

　プレゼン上達の極意は体で覚えさせる徹底訓練しかない．例えば，相手の目を見るアイコンタクトの重要性を理解したとしても，実際のプレゼンではアイコンタクトなしのプレゼンをしてしまう．なぜなら，従来からアイコンタクトを取ることに慣れていないため，本人の体がアイコンタクトを拒否するのだ．プレゼンの開始と同時に，体がアイコンタクトをごく自然に取

本書の特徴

● 説得力のあるプレゼン法の習得

● 具体的なプレゼンテクニック
　　　　　　→ ビジュアル化

● プレゼンの徹底訓練メニュー
　　1分間プレゼン
　　3分間プレゼン
　　学術講演会の徹底訓練

1-1 本書の特徴

1-2 ジェスチャーのビジュアル化

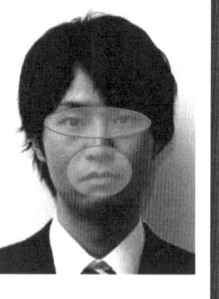

1-3 アイコンタクトのビジュアル化

1-1 に示すように，本書では説得力のあるプレゼン法の習得を最終目標としている．そのためには，プレゼンテクニックをまず体で覚えることが不可欠となる．繰り返しになるが，プレゼンテクニックとしてのアイコンタクトやジェスチャーの方法が詳細に解説された文章を繰り返し読み込んだとしても，文章の理解だけでは，プレゼンテクニックを実践するのは非常に難しい．

本書では，プレゼンテクニックを体が自然に表現できる段階まで体に覚えさせる徹底訓練法を紹介している．例えば， 1-2 ， 1-3 の写真のように，本書ではプレゼンテクニックをわかりやすくビジュアル化して，紹介している．

ジェスチャーやアイコンタクトを文章でいくら詳細に説明されてもわからないのに対し，写真だと「百聞は一見にしかず」で一目瞭然に理解できる．

このプレゼンテクニックのビジュアル化が類書には見られない本書の最大の特徴である．

さらに，本書ではプレゼンの徹底訓練として，自己紹介の1分間プレゼンと3分間プレゼン，さらに卒業論文発表会に相当する学術講演会の3種類のプレゼン場面における具体的なプレゼンテクニックを紹介し，徹底訓練させる．

訓練の最初はグループワークでプレゼンを繰り返し練習し，その練習過程でそれぞれ各自のプレゼンのどこが悪いか，どこが良いかを指摘しながら，悪いところを改善し，良いところを伸ばしていくプレゼン練習となる．著者が大学の講義で実際に訓練を行った結果や学生の反応なども随所に紹介している．ぜひ参考にしてほしい．

本書はプレゼンテクニックが独学でも習得できるように構成されている．本書を書店で購入し，プレゼンテクニックを習得しようと考えている読者は，指定箇所の訓練を是非実施していただきたい．

また，本書を教科書として訓練する場合，担当教員は学生の1人ひとりを全員の前でプレゼンさせていただきたい．そのとき，緊張のあまり足がブルブル震える学生も出てくる．絶句する学生も出てくるだろう．話すべき原稿が記憶の中から消えさって，頭が真っ白になり，プレゼン途中で絶句してしまうのだ．学生本人にとっては，非常に辛い経験だが，実はこれも良い経験となる．なぜなら，このような経験がなくて社会で出てしまうと，重大な失敗に遭遇するからだ．

ここで，学生の読者は将来の姿を想像してみよう．あなたは卒業後に就職した会社で重要なプロジェクトのプレゼンをした．しかし，完全に失敗してしまった．さて，あなたはその後どうなるだろうか．

首になるのを心配するかもしれない．1度の失敗で即座に首にはならないだろうが，あなたの人事評価は当然悪くなり，そのプロジェクトの実行が難しくなるのは確実である．このような失敗がさらに続くと，会社に居づらくなって，結局，離職することにもなりかねない．まさに，説得力のあるプレゼン法は，**社会人としての最強の武器**だといっても過言ではないのである．

次節では具体的なプレゼンテーション訓練として，グループワークで自己紹介をしていただく．原稿作成に際しては第4章を熟読の上，「私の個性」と題した1分間プレゼン用の原稿（300文字程度）を作成せよ．

1.2 プレゼン原稿は作成すべきか？

前節の課題の1分間プレゼン原稿＝「私の個性」と題した自己紹介文を作成いただいただろうか．作成がまだの場合は，具体的な訓練が実施できないので，

プレゼン原稿の作成

■原稿は作成すべきか？
 No ：1分間は短いのでアドリブで十分だ
 Yes：良いプレゼンには良い原稿が不可欠

■原稿を作成した場合の利点
 （1）プレゼンすべき項目の推敲（すいこう）
 （2）
 （3）時間配分の適正化

1-4 プレゼン原稿の作成

本書を読み進めるのを一旦止めて，300文字程度の原稿を作成していただきたい．

この原稿に基づいた1分間プレゼン訓練を実施する前に，本章ではまずプレゼン原稿の作成について考えてみよう． 1-4 のように，1分間プレゼンは短いので，原稿は作成せずにアドリブで十分だと考える学生がいるかもしれない．プレゼンテーションに自信をもっている学生ほど，原稿など不要だと考えがちである．しかし，これは重大な間違いだ．

良いプレゼンには良い原稿が不可欠である．アメリカ大統領の演説原稿は大統領本人が書いているだろうか．当然，大統領本人が書いてはいない．大統領には物理的に原稿を執筆する時間などないだろうし，強いて言えば大統領に良い原稿が必ずしも書けるものでもない．名文家を補佐官として任命していて，国民を鼓舞激励する感動的な原稿をその名文家が執筆しているのである．大統領本人が書く原稿よりも良い原稿に基づいて演説するので，大統領の演説には世界が注目するのだ．

それと同じで，たとえ1分間プレゼンでも，説得力をもたせ，聞き手を感動させるためには，原稿を作成しなければならない．

次に，原稿を作成した場合の利点について考えよう．利点として即座に思いつくのは，図の（1）プレゼンすべき項目を推敲し，話す内容をまとめることができる点である．それに対し，原稿なしのアドリブだと重要な項目を落としてしまうかもしれない．

さらに，（3）時間配分の適正化というのは，例えば，1分間話そうとして，30秒で終わってしまうと短すぎるし，かといって2分も3分もプレゼンしてしまってもダメだということだ．1分間プレゼンの場合，1分±5秒程度でプレゼンをうまく終了させなければならない．原稿を読み返しながら，その原稿量を加減することで適切な時間配分ができるようになる．

では，1-4 の (2) は何だろう．これは意外と見落とされているのだが，原稿を書くことで，ストーリー展開を最適化 できるのだ．プレゼンでは，話がうまく盛り上がるようにすべきである．平板な話では，面白くないし，感動も与えられない．プレゼンにおけるストーリー展開を興味が湧(わ)くようにうまく組み込むことが必要となるのである．このプレゼン内容を秀逸化する方法については，第4章で詳述している．

1.3　プレゼン原稿は読むべきか？

では，1分間プレゼン訓練を開始しよう．5～7名のグループになっていただき，1人ずつ1分間プレゼン訓練を行っていただく．プレゼン経験のほとんどない初心者の場合，原稿を手に持ち，その原稿を読み上げながらプレゼンしたいとの願望が強烈だ．大勢の前で初めてプレゼンする場合，プレゼン原稿を読んでも良いと言われると，大多数が原稿を読みながらプレゼンする．これについては後ほど詳解する．

そこで，まず「原稿あり」＝原稿を読んだ場合と，「原稿なし」＝原稿を読まない場合との違いを具体的に体験していただこう．

1-5 が「原稿あり」の1分間プレゼン訓練の実施状況である．写真のように5～7名のグループが輪を囲むようにそれぞれ向かい合い，原稿を手に持った話し手だけが1人立ち上がった状態で実施する．

1-5　「原稿あり」の1分間プレゼン訓練状況

一般的に，プレゼンは立った状態で実施するものであるので，話し手は必ず立ってプレゼンすべきだ．この訓練を講義で実施する場合，担当教員は学生を立たせて1分間プレゼン訓練を実施していただきたい．

また，1人で独学している学習者はボイスレコーダーあるいはボイスレコーダー機能付きの携帯電話に「原稿あり」と「原稿なし」の1分間プレゼンを録音

すると良い．それは，実施後に自分のプレゼン時間とそのプレゼン状態を確認するためである．

practice 1-6 に示す「原稿あり」1分間プレゼンの訓練手順にしたがって訓練してみよう．訓練のポイントは（4）に示すように，左手側の学生が秒数を読み上げていき，さらに（5）でプレゼン時間を全員へ知らせる．次のポイントは，（6）で右手側の聞き手がプレゼン内容を紹介し，（7）ではその紹介内容から話し手が聞き手の理解度を把握し，メモを取る．それが終わると，次の話し手は，左手側の学生となる．

「原稿あり」の1分間プレゼン訓練
（1）5～7人のグループを作る
（2）ジャンケンで1番目の話し手を決める
（3）話し手は原稿を読みながらプレゼンする
（4）左手の人が1分間を計時し，秒数を「30秒・・40秒・・50秒・・1分終了です」と読み上げる
（5）さらに，プレゼン時間を「●秒でした」と告げる
（6）右手の人が，プレゼン内容を紹介する
（7）話し手はその紹介内容から理解度をメモる
（8）次の話し手は左手の人

1-6 「原稿あり」の1分間プレゼン訓練

1-7 「原稿なし」の1分間プレゼン訓練状況

さて，全員「原稿あり」の1分間プレゼンが終了したら，次に 1-7 のように「原稿なし」の訓練を実施しよう．この「原稿なし」が終わった段階で「原稿あり」と「原稿なし」プレゼンの差異を比較する．

「原稿なし」の1分間プレゼン訓練では，原稿を手に持ってはいけない．さらに，原稿をテーブルの上に置いてもいけない．原稿をテーブルの上に置くと，その原稿をチラチラと見てしまうために，「原稿あり」と同じ状態になってしまう．したがって，原稿は伏せた状態でテーブルの上に置かなければならない．

practice 1-8 が「原稿なし」1分間プレゼンの訓練手順である．プレゼン時間を測るのは前回と同じだ．全員のプレゼン終了後，図示の（5）に示すように，「原稿あり」と「原稿なし」の違いについて15分間のディスカッションをしていただきたい．最後にグループの代表にそのディスカッション内容を紹介させる．

「原稿あり」と「原稿なし」1分間プレゼンの訓練が終了した．1-9 は著者が実施した訓練結果の例で，「原稿あり」と「原稿なし」の差異についてのディスカッションをまとめたものである．これからわかるように，「原稿あり」プレゼンは，初心者は原稿どおり読むのだから安心してプレゼンに臨めること，また緊張しないので発表内容の抜けが発生しないこと，さらに1分間というプレゼン時間がほぼ守れることの3点に関して，優秀だと判断している．そのために，原稿を読んでも良いとした場合，80％の学生が「原稿あり」を希望するのである．

「原稿なし」の1分間プレゼン訓練

（1）話し手は原稿なしでプレゼンする
（2）左手の人が1分間を計時し，時刻を「30秒・・40秒・・50秒・・1分終了です」と読み上げる
（3）さらに，プレゼン時間を「●秒でした」と告げる
（4）次の話し手は左手の人
....
（5）全員終了後，「原稿あり」と「原稿なし」プレゼンの難しさとアピール度のディスカッション
（6）まとめを代表が1分で発表

図 1-8 「原稿なし」の1分間プレゼン訓練

「原稿あり」と「原稿なし」の差異

	原稿あり	原稿なし
プレゼン時間が守れるか	○	×
安心してプレゼンできるか	○	×
発表内容の抜けは発生するか	○	×
どちらのプレゼンが難しいか	簡単	難しい
聞き手の理解度を把握できるか	×	○
アピール度はどちらが高いか	×	○
アイコンタクトは可能か	×	○
ジェスチャーは可能か	×	○
話に間合いを付けられるか	×	○
プレゼンはどちらが格好良いか	×	○
原稿を読んでも良い場合，読みたいか	80%	20%

図 1-9 「原稿あり」と「原稿なし」の差異

プレゼンが初めての学生の場合，そのように希望するのも致し方ないだろう．しかし，図示のように「原稿あり」のプレゼンにはあまりに欠点が多すぎることを的確に認識すべきだ．「原稿あり」の場合，原稿に目を落としているため聞き手の顔を見ることができない．その結果，聞き手がどの程度理解しているのかが把握できない．当然，プレゼンの基本テクニックであるアイコンタクトとジェス

```
■原稿を読みたい本当の理由？
・緊張で話すべき内容を忘れてしまうのが怖い
■原稿を読まない場合の利点
・考えながら話すので [　　　] をもたせられる
・聞き手の顔を見て話すので [　　　] がわかる
・理解度に応じて臨機応変に [　　　] できる
■原稿は読むべきか？
       Yes＝０％      No＝１００％
```

1-10 原稿は読むべきか？

チャーを繰り出すこともできない．さらに，間合いによってプレゼンにメリハリをつけることができるのだが，「原稿あり」ではこの話の間合いを取るのも簡単ではない．結論として，「原稿あり」と「原稿なし」のどちらが格好良いプレゼンであるかは明白だ．

「原稿あり」のプレゼンが良いとする理由として，「正確に話すべき内容を伝えるため」などの意見もあるが，本当の理由は **1-10** に明記しているように，「緊張で話すべき内容を忘れてしまうのが怖い」のだ．つまり，原稿を読みたいと願う人は，頭が真っ白になって絶句してしまうのを極端に恐れているのである．

原稿を読まない場合の利点を考えてみよう．原稿を読まない場合，考えながら話すので，言葉に力 をもたせられる．逆に原稿を読む場合は，目から口へ直接情報が伝達してしまうので，いわゆる**説得力の欠如したロボットプレゼン**になる．パソコンソフトを用いて作成原稿を読み上げさせてみると，ロボットプレゼンに

　本書ではプレゼンテーションの参考にするため，過去の有名人の演説・スピーチをコラムで紹介する．Web上の公式サイトなどで視聴することが可能である．当然，著作権保護の観点から，違法サイトからの視聴は厳禁とする．

◆ **原稿を読まない演説の好例：キング牧師 "I have a Dream"**

　1963年キング牧師34歳のとき，首都ワシントンD.C.リンカーン記念堂前大広場に集まった25万人の観衆を前に実施した歴史に残る名演説である．高校の英語教科書にも掲載されている．演説内容を読んだことがある者には了解されるように，その文章は技巧に富んでいて，即席の演説ではないことは明白だ．つまり，十分な時間と深い思考に基づいて演説原稿を本人が執筆・推敲している．ところが，記録映像を見ていても，手元には原稿を置いていないし，当然読んでもいない．話すべき内容がすでに頭の中に完璧に入っていたのである．この名演説を視聴して，いかに原稿を読まない＝「原稿なし」プレゼンには本当の説得力があり，聴衆の心を揺り動かす力をもっているかを聴き取っていただきたい．

は説得力が欠如しているのが如実にわかるだろう．そのロボットプレゼンは，感情の起伏のない棒読みプレゼンとなり，誰も真似したくはならない．

　1人で独学している学習者は，ボイスレコーダーやボイスレコーダー機能付きの携帯電話に録音した「原稿あり」と「原稿なし」のプレゼンを聞き比べていただきたい．「原稿あり」プレゼンでは抑揚の少ない一本調子の発音となっていて，これがまさしくロボットプレゼンなのである．

　それに対し，「原稿なし」プレゼンでは途中で言葉に詰まり，「あ〜，え〜と，なんか」などのクセ言葉が頻発しているものの，抑揚が利いていて適宜な間合いがついたプレゼンになっているだろう．

　さらに，原稿を読まない場合，聞き手の顔を見て話すので，聞き手の 理解度 がよくわかる．例えば，プレゼンの熟達者は聞き手のちょっとした顔つきの変化から**理解の程度が手に取るように把握**できるのだ．これに対し，原稿を読んでいると，聞き手の顔を見ていないので，理解度の把握は不可能となる．

　聞き手の理解度を把握することができれば，その理解度に応じて臨機応変に話す 内容を改変 できる．すなわち，理解度の低い箇所に別の説明を加えたり，平易に言い換えたりして，**理解度の回復**が可能となるのである．

　例えば，学会発表では貫禄のある部長タイプの人が原稿を手に持ってプレゼンしているのをよく見かける．多分，本人は多忙のため，部下が作成した原稿を棒読みしているのだろう．しかし，そのようなプレゼンの場合，質疑応答の時間に質問する学会参加者は誰もいない．なぜなら，原稿を読むような人へ質問しても的確な回答が帰ってこないのが明白であるからだ．

　さらに付け加えると，原稿を読まないが，それを原稿メモとして使用する人が必ず出てくる．プレゼンのときに，その原稿メモへチラチラと目を落とすため，落ち着きがない．要するに，原稿を読むプレゼンに利点は1つもないのである．

　結論として，良いプレゼンのためには，原稿は作成すべきである．しかし，その原稿を絶対に読んではいけない．さらに，メモとして持参してもいけない．これを肝に銘じていただきたい．

　以上，原稿に関して強調したことが理解いただけたはずだ．それでも，「原稿を読むべきか？」の質問に対し，「読みたい」と願う学生は前掲の **1-10** のアンケート結果では皆無だった．したがって，本講義でのプレゼンならびに社会人になった段階でのプレゼンでも決して原稿を読まないと堅く心に誓うべきだ．

1.4 話すスピード

話すスピード
- ■ 話すスピードと原稿の文字数
  $\boxed{1}$
  ここで，m：文字数，t：時間（分）
- ■ 話すスピードの個人差
  能弁家と訥（とつ）弁家
- ■ プレゼン時間＞原稿読み上げ時間
  なぜか？ → $\boxed{2}$

1-11 話すスピード

1-11 で話すスピードの基本を紹介しておく．プレゼン時間 t（分）と原稿の文字数 m との関係として，$\boxed{1} = \boxed{m = (270 \sim 320) \cdot t}$ が入る．この 270～320 文字の範囲は，話すスピードの個人差によるのである．立て板に水の能弁家と口重タイプの訥弁家では文字数が当然異なる．

本書では，「プレゼンの理想として口達者な能弁タイプが望ましいので，能弁家になれ！」とは言わない．自分の個性に合ったプレゼンができれば良いのである．

よく言われるように，あえて紹介すると，トップ成績を挙げる保険勧誘セールスウーマンや飛び込み営業マンには能弁家はほとんどいない．口は達者ではないけれど，堅実で誠実さがにじみ出る訥弁タイプが顧客の信頼を勝ち取ることができるのである．要するに，**自分の個性に適したスピードで話せば良い**のであるから，プレゼン原稿量の決定，すなわち各自の話すスピードを知るためには，上記の文字数 m を決定しておくことがまず必要となる．

さらに，注意すべきことは，原稿を単に読み上げる時間と実際のプレゼン時間を比較すると，図のように必ず，プレゼン時間のほうが長くなることだ．なぜなら，プレゼンには $\boxed{2} = \boxed{話の間合い}$ が存在するからである．間合いがないプレゼンはロボットプレゼンとなる．前述のパソコンソフトで1～2分の長さの文章を読み上げさせてみれば，間合いのない＝文字を等間隔で読み上げる発音がいかに奇妙であるかが了解される．つまり，プレゼンに説得力をつける1つの手法が**適切な間合い**だとわかる．

ロボットプレゼンでは，話すスピードは変化しない．すなわち，**1-12** のように人間のプレゼンでは話すスピードを一定にしてはいけない．逆に「一定にせ

よ」と命じられても，一定にできるものではない．話すスピードは自然に変化する．ただし，**話すスピードを意識して変化させるべき**ときがある．キーワードや重要な箇所を話すとき，話すスピードは 遅く することが必要となる．それは，遅く話すほうが聞き手の理解度は高まるからである．同様に，観衆の人数が増えるほど，一般的に理解度が低下するので，それを防止するためにも，話すスピードは 遅く するのである．

■ 話すスピードの変化
・話すスピードは一定にすべきか？
　Yes＝0人　　No＝全員
・キーワード，重要な箇所を話すとき
　話すスピードは □ する
・観衆の人数が増えるほど
　話すスピードは □ する

1-12 話すスピードの変化

1.5 アイコンタクトと相づち

1-13 アイコンタクト

1-13 は，著者の居室で学生と面談している写真である．両者とも**アイコンタクト**しているのがわかるだろう．1人対1人の対面会話の場合，「アイコンタクトするな」と禁止しないかぎり，自然とアイコンタクトするはずだ．つまり，アイコンタクトは**コミュニケーションの基本テクニック**と言っても過言ではない．

ところが，講義室などの1人対複数人のプレゼンにおいて，特にプレゼンに慣れていない学生の場合，アイコンタクトなしのプレゼンがよく見られる．これは，聞き手の顔を見ると緊張してしまうために，あえてアイコンタクトしていないのであろうが，このようなプレゼンは極めて不自然で，説得力のあるプレゼンとは

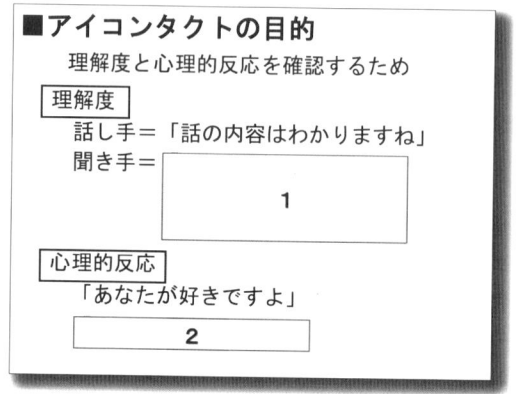

1-14 アイコンタクトの目的

アイコンタクトの目的は **1-14** に示すように，2つある．1つは理解度を高めるためだ．話し手の立場からすると，アイコンタクトをすることによって，図示のように私の「話の内容はわかりますね」と聞き手に同意を求めているのである．その話し手に対して，聞き手がアイコンタクトを返すと，$\boxed{1}$ = $\boxed{良くわかりますよ}$ との意思を伝えていて，反対にアイコンタクトを返さないと $\boxed{1}$ = $\boxed{良くわかりません}$ と言っていることになる．すなわち，アイコンタクトの有無で，話し手は聞き手の理解度が把握できる．

さらに，アイコンタクトの2つ目の目的は**心理的反応を相手へ伝える**ことである．適切なアイコンタクトで「あなたが好きですよ」という心理的反応＝感情を伝えることができ，アイコンタクトがない場合，あるいは異常に長いアイコンタクトだと $\boxed{2}$ = $\boxed{おまえは嫌いだ}$ という感情が伝わる．

要するに，アイコンタクトすることで，聞き手の理解度を向上させ，さらに話し手の心理的に良好な感情も相手に伝えることができるのである．したがって，プレゼンテーションにおけるアイコンタクトは最も基本的な非言語コミュニケーションテクニックであるので，自然なアイコンタクトができるように訓練していただく．

1-15 で各自のアイコンタクト状態を確認してみよう．図の注意事項に明記しているように，これは自然にアイコンタクトできる時間を各自が自覚するためのもので，実施方法としては，2人で向かい合ってアイコンタクトを開始し，気まずくなって目を離した時点のアイコンタクト時間を測る．

1-16 に，このアイコンタクト試行の状況を示す．2人とも立った状態で顔と顔を向き合ってアイコンタクトし，そのときのアイコンタクト時間を測る．

また，独学の学習者は可能ならば家族か友人に手伝ってもらって，この試行を実施していただきたい．もし，近くに家族も友人もいない場合は， 1-17 のように鏡に向かって1人で実施するアイコンタクトも可能である．独学者の訓練方法に関しては，本章の最後1.8節「独学者への徹底訓練」でまとめて解説している．ただし，独学者はその箇所だけを読んでも体系化されたプレゼン訓練の全体像が理解できないので，必ず本文をすべて読破いただきたい．

1-18 に，この方法で測定したアイコンタクト時間を示す．結構，データとしては個人差が大きくて，適切だと判断するアイコンタクト時間が17秒以上，あるいは0.5秒程度だという人もいる．

ただし，平均的なデータとして，適切なアイコンタクト時間は，図の 1 の Min = 2秒〜3秒 = Max であった．この数値と各自

アイコンタクト時間の確認

（1）2人向かい合ってアイコンタクトを開始
（2）気まずくなったら目を離す
（3）その時のアイコンタクト時間を測る

＜注　意＞

この試行は我慢大会ではない．アイコンタクトの心理的な側面を理解するため，自然にアイコンタクトできる時間＝秒数を自覚するものである．

1-15 アイコンタクト時間の確認

1-16 対面式のアイコンタクト試行の状況

1-17 独学によるアイコンタクト時間確認

```
■適切なアイコンタクト時間
  Min＝ □1□ ＝Max
■アイコンタクト時間の長短
  短すぎると：無視，反対，不承，不同意
  長すぎると：□2□
  適切な長さ：好感，賛成，承諾，同意
■目つき
  目は口ほどに物をいう
```

1-18 アイコンタクト時間

の数値とを比較してみなさい．この範囲を逸脱して短すぎる場合，「無視，反対，不承，不同意」を相手に伝達してしまう．

すなわち，聞き手がそのような短いアイコンタクトをしたときは，話し手へ「あなたの話には同意できない」と言っており，そのアイコンタクトが話し手のときには「あなたは嫌いですから，無視しているのだ」という意思を聞き手へ伝えているのである．

逆にアイコンタクト時間が長すぎるときは，2＝敵意となる．その典型例が相撲だ．力士が立ち会い前に土俵上で睨み合う時間は10秒を越えていて，当然，この長いアイコンタクト時間によって，「おまえを倒してやるぞ」という相手への敵意＝闘争心を伝えているのだ．

「目は口ほどに物を言う」の格言どおり，アイコンタクトは非常に有効なテクニックであると同時に使い方を間違うと大きな失敗をしでかすことを認識すべきだ．例えば，就職面接ではアイコンタクトに慣れていない場合，就職への熱意を伝えたいがために企業の面接官の目を凝視してしまう．すると，上述のように非常に長いアイコンタクトとなり，熱意を伝えるべきときに，反対の意味に誤解されることにもなる．

これは，適切なアイコンタクトの軌跡を知らないために発生する重大な間違いである．アイコンタクトの極意は，「いかに相手を見つめるか」ではなく，「いかにうまく目を外すか」なのだ．

1-19 にアイコンタクトの適切な軌跡を示す．対面式のアイコンタクトの場合，相手の目を2～3秒見つめた後，「いかにうまく目を外すか」つまり視線をどこへ移動させるかで活きたアイコンタクトになるか，死んだアイコンタクトになるかが決まる．

慣れない場合，視線を相手の顔から完全に外してしまう傾向がある．すると，

相手には「あなたの話には興味がありません」との誤ったサインが伝わってしまう．決して，視線を相手の顔から外してはいけない．図示のように，視線を口元へ移動させ，そこでしばらく4～5秒とどまって，それから目へアイコンタクトを戻す．このアイコンタクト軌跡を繰り返すことで，良好な対話関係が維持できるのである．

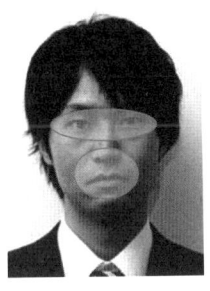

■アイコンタクトの軌跡

＜2人対面の場合＞
・目を2～3秒見つめ
→ 視線は口元へ移動し，しばらくそこに留まり
→ 目へ戻る

1-19 アイコンタクトの軌跡

practice　適切なアイコンタクト軌跡を 1-20 の方法で訓練しよう．訓練では，適切なアイコンタクト軌跡の習得を可能とするために，アイコンタクト時間を口でカウントしなさい．つまり，「1, 2, 3」と口に出して数えることで，適切なアイコンタクト時間を体が覚えるのだ．この目から口元へ移動させる適切なアイコンタクト軌跡を少なくとも10回は繰り返し練習していただきたい．

アイコンタクトに付随した動作でそのアイコンタクトを補強するテクニックとして，相づちがある．もっとも，話し手も聞き手もアイコンタクトしたとき，相づちは体の動作として一緒に自然と表れるのが普通だ．しかし，現代では無意識なのか意識してなのかわからないが，相づちを出さない者が多い．特に最近，目立ち始めた非対面型学生は，この相づちを打ちながらのプレゼンが苦手のようだ．

適切なアイコンタクト軌跡の訓練

（1）2人向かい合う
（2）図1-19のアイコンタクト軌跡を実施
（3）その時，2～3秒のアイコンタクト時間を口に出して「1, 2, 3」とカウントする
（4）次に口元へ視線を移動させ，同様に「1, 2, 3, 4, 5」とカウントする
（5）以上の（2）～（4）を10回繰り返す
（6）役割を交代する

1-20 適切なアイコンタクト軌跡の訓練

■ 相づち

アイコンタクトの補強

・話し手：
　　肯定的相づち：首を縦に2度軽く振る
　　　　→　　　　　1

・聞き手：
　　肯定的相づち：首を縦に2度軽く振る → 同意
　　否定的相づち：　　　2　　　　→ 不同意

1-21 相づち

1-21 に示すように，話し手の首を縦に2度軽く振る相づちは，聞き手に 1 = 「わかりますね」＝同意の念押し を求めている．同様に，聞き手が首を縦に2度軽く振るとその意味は「あなたの話はわかります」と同意していることになる．逆に，聞き手が 2 = 首を傾げる 場合，「あなたの話はわかりません」と不同意のサインを伝えているのだ．このように相づちを用いると，話の節々で話し手と聞き手の間に同意と不同意の意思確認が言葉を交わさなくてもキャッチボールのようにやりとりできるのである．

◆ アイコンタクトの好例：綾小路きみまろ「爆笑！スーパーライブ」

　綾小路きみまろの爆笑シリーズはレンタル店で借りることができるので是非，1度視聴すべきだ．話術の巧みさと第2章で解説する「間合い」の取り方に関しても脱帽ものだが，ここではアイコンタクトの好例として紹介する．綾小路きみまろは舞台の上から客席へ向かって爆笑ライブを実演している．そのとき，手に持つ扇子で観客を指し示しながら，しっかりと1人ひとりの客へアイコンタクトを送り，さらに舞台を右に左へ移動して，ごく自然に観客全体へ的確にアイコンタクトしているので，舞台と客席との融合感が非常に強い．綾小路きみまろのアイコンタクトの巧みさは，アイコンタクトはあくまで個人へ送っているのだが，それを見たまわりの観客には自分へのアイコンタクトだと錯覚させている点が卓越した技だ．客の心を鷲づかみできるアイコンタクトを是非，ご覧あれ．

1.6 アイコンタクトと相づちの徹底訓練

ここでは，3種類の訓練方法でアイコンタクトと相づちの重要性を理解していただく．1-22 は2人が対面式のアイコンタクトと相づちをしている状況を示す．

この訓練は 1-23 に示すように，アイコンタクト「あり」＋相づち「あり」の通常のプレゼン方法である．

1-22 アイコンタクトと相づちの訓練状況

1-23 アイコンタクト「あり」＋相づち「あり」の訓練

アイコンタクト・相づち徹底訓練 1
■アイコンタクト あり と相づち あり

原稿なし1分間プレゼン：2人対面
（1）立ち上がり，2人1組で向かい合う
（2）話し手はアイコンタクトしながら1分間プレゼン
（3）聞き手は適切なアイコンタクトと相づちを返す
（4）役割を交代する

practice
まず，（1）で2人とも立ち上がり，向き合う．次に（2）で話し手は，アイコンタクトしながら，1分間プレゼンを実施する．それに対し，（3）で聞き手は話し手がアイコンタクトしてきたら，適切なアイコンタクトと相づちを返すのである．話し手と聞き手の役割を交代させながら，これを数回繰り返しなさい．

上記の通常のプレゼンから相づちを取り去ると，どのようなプレゼンになるか，つまりアイコンタクト「あり」＋相づち「なし」のプレゼンを体験してみよう．

> 話し手は，1-24 に示すように，前述の 1-23 と全く同じ状況で聞き手へアイコンタクトしながら1分間プレゼンをする．
> ただし，聞き手はアイコンタクトされたとき，それに対してアイコンタクトを返すが，相づちは決して返してはいけない．
> 慣れないと，アイコンタクトと一緒に思わず相づちを打ってしまいそうになるが，ここはぐっと我慢して顔を固定させて相づちを返さずに，視線だけを口元へ移動させる．

アイコンタクト・相づち徹底訓練 2
■アイコンタクト あり と相づち なし
****
原稿なし1分間プレゼン：2人対面
（1）立ち上がり，2人1組で向かい合う
（2）話し手はアイコンタクトしながら1分間プレゼン
（3）聞き手はアイコンタクトは返すが相づちはしない
（4）役割を交代する

1-24 アイコンタクト「あり」＋相づち「なし」の訓練

このプレゼン方法では，このように相づちのない聞き手の態度が，話し手にどのような気持ちを抱かせるかを実験として確認するのが目的である．この状況での奇妙な感情を的確に覚えておいてほしい．

アイコンタクト・相づち徹底訓練の最後は，アイコンタクト「なし」＋相づち「なし」の場合である．

> 1-25 に示すように，話し手のプレゼンは前回までと全く同じであるけれど，聞き手はアイコンタクトも相づちも返さない．特に，聞き手の姿勢を 1-26 のように，話し手に対して左30度を見つめ続けるようにするとうまくいく．

本訓練は，話し手を完全に無視した態度を聞き手が表した場合，プレゼンしやすいのかどうかを体験し，また，そのとき話し手にどのような感情が沸き起こるかを理解させるための**体験型実験**である．

ここまでの3種類のプレゼン訓練で，非常に興味ある体験をしたはずだ．すなわち，アイコンタクトと相づちの有無によって，**プレゼンの難易度**と**聞き手の理解度**が変化するのを感じ取っただろう．

1-27 は，受講者のアンケート結果である．図中の（1）（2）（3）は前述のアイコンタクト・相づち徹底訓練 1-22 ， 1-24 ， 1-25 にそれぞれ対応する．

アイコンタクトと相づちの有無による聞き手の態度から受け取られる理解度と心理的感情はともに，数値4から1までの間で良いと悪いを判定している．

1-27 から明白に理解できるように，理解度と心理的感情は，アイコンタクト「あり」+相づち「あり」が満点に近い数値を示し，相づちが「なし」で両者は2/3まで減少し，さらにアイコンタクト「なし」+相づち「なし」では，ともに1/3以下になってしまう．

要するに，アイコンタクトと相づちはプレゼンテーションでは非常に有効なテクニックであり，適切に実施することで聞き手の理解度を向上させると同時に，話し手は心理的感情の良いプレゼンつまり満足度の高いプレゼンが実行できるのがわかる．

この結果は，1-28 の受講者の感想にも反映されている．例えば，受講者(1)と(2)は，アイコンタクトと相づちの有無による理

アイコンタクト・相づち徹底訓練 3
■アイコンタクト なし と相づち なし
＊＊＊＊＊＊＊＊＊＊＊＊＊＊＊＊＊＊＊＊＊＊＊＊＊＊＊＊＊＊
原稿なし1分間プレゼン：2人対面
（1）立ち上がり，2人1組で向かい合う
（2）話し手はアイコンタクトしながら1分間プレゼン
（3）聞き手は相手の左30度を見つめ続け，アイコンタクトと相づちは返さない
（4）役割を交代する

1-25 アイコンタクト「なし」+相づち「なし」の訓練

1-26 アイコンタクト「なし」+相づち「なし」の訓練状況

■アイコンタクトと相づちの効果

理解度 心理的感情	良い←		→悪い
	4 3	2	1

（1）アイコンタクト＝ あり　相づち＝ あり
　　理解度＝3.9　　心理的感情＝3.9

（2）アイコンタクト＝ あり　相づち＝ なし
　　理解度＝2.7　　心理的感情＝2.3

（3）アイコンタクト＝ なし　相づち＝ なし
　　理解度＝1.2　　心理的感情＝1.1

1-27 アイコンタクトと相づちの効果

■アイコンタクトと相づちの感想

（1）アイコンタクトがないと，とても怖い。聞き手のときは，話し手からアイコンタクトされると自然に相づちをしてしまう。
（2）アイコンタクトと相づちなしでは，無視されている感じで，不快感を強く覚えた。
（3）原稿を読むとアイコンタクトができないので，「原稿なし」が良いとわかった。

1-28　アイコンタクトと相づちの感想

解度と心理的感情の差異を実体験したための偽らざる感想である．

3種類の徹底訓練の結果，アイコンタクトと相づちの重要性を的確に把握できたはずだ．

さらに，受講者(3)の感想からはアイコンタクトを実行するためには「原稿なし」すなわち原稿を手に持って読んではいけないと再認識されたことがわかる．

1.7　集団へのアイコンタクトの徹底訓練

前節では，対面式プレゼンにおけるアイコンタクトを訓練した．これは就職面接のような個人面談でその訓練が活かされるだろう．次に集団へのアイコンタクトの仕方を訓練してみよう．これは，大学高専のゼミや卒業論文発表会さらに企業での技術報告会などで，集団に対するプレゼンで実施するときのアイコンタクト方法である．

集団アイコンタクトの間違った例として，学生は卒論発表会において観衆の顔を見ると上がってしまうので，スクリーンばかりを注視したり，あるいは虚空の1点を凝視した状態でプレゼンしているのが多く見られる．しかし，このようなプレゼンでは説得力を発揮することはできない．集団に対し適切にアイコンタクトしながらのプレゼンが不可欠なのだ．

■集団へのアイコンタクト軌跡

・キーパーソン(KP)に長めのアイコンタクト
→ 会場を右回り（or 左回り）に短いアイコンタクト
→ キーパーソンへ戻る

◎キーパーソン＝座長，社長

1-29　集団への適切なアイコンタクト軌跡

1.7 集団へのアイコンタクトの徹底訓練

　集団への適切なアイコンタクト軌跡を 1-29 に示す．集団に対するプレゼンでは，その集団の中の**キーパーソン**をアイコンタクトのスタート点とする．ゼミや卒業論文発表会でのキーパーソンは指導教員であり，企業の技術報告会では社長あるいは部長のように，その会場で最も職階の高い人がキーパーソンである．

　そのキーパーソンへ長めのアイコンタクトをした後，会場を右回りあるいは左回りにアイコンタクトを移動させ，最後にキーパーソンへアイコンタクトを戻す．

　大学院生や企業技術者になれば，研究成果を学会で発表することになる．その学会発表では座長がキーパーソンである．また会場に学会の大御所がいれば，その大御所へも長めのアイコンタクトを送りながらプレゼンすべきである．もっとも学会に入会した当初は誰が大御所かわからないだろうが，4〜5年もすればその分野の大御所が誰であるかがわかる．

practice

　1-30 に，集団へのアイコンタクト手法，名付けて「**軌跡移動式アイコンタクト**」の訓練方法を示す．まず，4〜6人のグループになり，そのグループ全員が立ち上がり，輪になって向かい合う．次に話し手は原稿なしの1分間プレゼンをしながら，1人ずつにアイコンタクトを送る．

　聞き手は適切なアイコンタクトを受けた場合，着席する．全員が着席するまで，プレゼンを継続し，1分間プレゼンが終了してもまだ全員が座っていないならば，1分間プレゼンを最初から繰り返す．以上の訓練を3回繰り返す．

　1-31 に，この軌跡移動式アイコンタクト徹底訓練の状況を示す．話し手のアイコンタクトを適切に受けた聞き手から順番に着席している状況が写真からわかるだろう．アイコンタクトの長さには個人差があるので，話し手が適切なアイコンタクト時間だと判断した長さでも，聞き手はまだ短いと感じていたら着席しない．したがって，実施者のアイコンタクト時間を適正に矯正することが，この集団へのアイコンタクト徹底訓練で体得できる．

軌跡移動式アイコンタクト徹底訓練
原稿なし1分間プレゼン：4〜6人のWS
（1）グループ全員が円状に立ち上がる
（2）話し手は1人ずつにアイコンタクトしながら1分間プレゼンを実施
（3）聞き手は適切なアイコンタクトを受けた場合，着席する
（4）全員が着席するまでプレゼンを継続する
（5）順番にプレゼンを交代する
（6）この（1）〜（5）を3回繰り返す

1-30　軌跡移動式アイコンタクト徹底訓練

◆ 軌跡移動式アイコンタクトの好例：マイケル・サンデル教授「白熱教室」

　ハーバード大学のマイケル・サンデル教授の白熱教室は一見の価値があるプレゼンだ．教授のアイコンタクトは典型的な軌跡移動式アイコンタクトであり，巧みなジェスチャーとあいまって大講堂に集まる数百人の学生達を魅了する講義である．学生の全員へ瞬時にアイコンタクトを送ることは当然できないので，教授は右に左へ移動し，その方向の学生達へアイコンタクトを送りながら，講義テーマの問題提示と質問を投げかける．さらに，教授のプレゼンの特徴は学生を人差し指で指し示すジェスチャーを多用している点だ．通常，指さしは学生に悪感情を抱かせやすいのだが，話術とアイコンタクトの巧みさ，さらに彼のカリスマ性によって，極めて自然な指さしジェスチャーとなっている点も是非，学んでいただきたい．

1-31　軌跡移動式アイコンタクト徹底訓練の状況

　集団に対するアイコンタクトとしては，前述のように右回りや左回りにアイコンタクト軌跡を移動させる方法が一般的である．ただし，この方法はせいぜい100人前後の会場でプレゼンするときのアイコンタクト方法であり，数千人を前にしたプレゼンではその全員にアイコンタクトを送ることは不可能となる．ところが，テレビカメラを前にした大統領演説ではテレビを見ている数千万〜数億人の大観衆へ適切なアイコンタクトを送ることが求められる．

　初心者がこのようなプレゼンテーションをすることは皆無だろうが，手法として体験しておくのは無駄ではない．

practice　1-32 に示した大観衆へのアイコンタクト手法，名付けて「左右120度式アイコンタクト」の徹底訓練を実施してみよう．まずグループ全員が1列に座る．話し手は前に出て，原稿なしの1分間プレゼンを実行するのであるが，そのとき左右120度方向へ体の向きを変化させながら，その前方の聞き手へアイコンタクト

を繰り返し送る。したがって、聞き手全員へアイコンタクトを送る必要はない。右方向へ4～5秒程度の長さでアイコンタクトしたら、次は左へ同程度の秒数、アイコンタクトを送る。この訓練を3回繰り返していただきたい。

1-33 にそのときの状況を示す。この訓練では写真のように左右に広がった状態で聞き手を座らせると、話し手が左右120度方向へアイコンタクトを送りやすくなる。できるだけそのように座らせて、訓練を実施していただきたい。

左右120度式アイコンタクト徹底訓練
原稿なし1分間プレゼン：6～10人のWS
（1）グループ全員が1列に座る
（2）話し手は前に出て、左右120度方向へ体の向きを変化させながら、その前方の聞き手へアイコンタクトと相づちを送る
（3）左右のアイコンタクト時間はそれぞれ4～5秒程度とする
（4）順番にプレゼンを交代する
（5）この（1）～（4）を3回繰り返す

1-32 左右120度式アイコンタクト徹底訓練

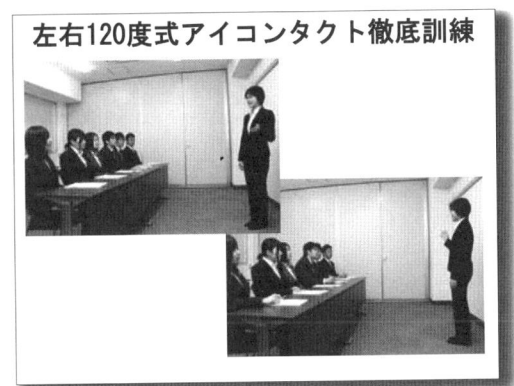

1-33 左右120度式アイコンタクト徹底訓練の状況

1.8 独学者への徹底訓練

本節では、本書を1人で独学している学習者のために、ここまでのグループ訓練と同じ効果が得られる訓練法を1人で実行できるように工夫している。ただし、本節だけを読んで訓練するのではなく、体系化されたプレゼン訓練の全体像を前節までで詳解しているので、必ず熟読して、訓練に励んでいただきたい。

1.8.1 独学による「原稿あり」と「原稿なし」プレゼンの差異確認

グループ訓練で強調したように、プレゼン原稿は作成しなければならないが、

◆ 左右120度式アイコンタクトの好例：オバマ大統領「勝利演説」

ノーベル平和賞を受賞したオバマ第44代アメリカ合衆国大統領の演説のうまさには定評がある．観衆の魂を鼓舞激励するパッション的な演説だ．側近の名文家によって演説原稿は当然作成されているのであるが，1度も原稿へ目を落としていない．その意味で演説の達人である．オバマ大統領の演説には，「言葉は力だ」を感覚的に理解させる魔力をもっている．それが，大統領という権力とその自信のなせる技なのだ．この演説では，左右120度式のアイコンタクトの巧みさを視聴いただきたい．左右へのアイコンタクトの時間はわずか4〜5秒で意外と短い．しかし，そのアイコンタクトの送り方で観衆全員が自分へのアイコンタクトだと受け取っているのだ．ここにオバマ式アイコンタクトの真骨頂がある．是非，視聴すべき演説である．

プレゼン時には決してその原稿を読んではいけない．

そのために，「原稿あり」と「原稿なし」の差異を的確に頭で理解するとともに，体でも認識することが不可欠となる．

practice 1-34 がこの両者の差異を確認するための方法である．1分間プレゼンの「原稿あり」と「原稿なし」を録音し，その両方を聞き比べるのである．当然，「原稿なし」の場合は練習しないかぎり，まともなプレゼンとはならないので，必ず5〜6回プレゼン練習を経た後に，録音せよ．

独学による「原稿あり」と「原稿なし」プレゼンの差異確認
（1）ボイスレコーダーかボイスレコーダー機能付き携帯電話を準備する
（2）「原稿あり」で1分間プレゼンを実施し，それを録音する
（3）次に「原稿なし」の1分間プレゼンを録音する

＜注　意＞
「原稿なし」の場合は，5〜6回「原稿なし」プレゼンを練習した後に正式に録音せよ

1-34 「原稿あり」と「原稿なし」の差異確認

1-35 に，両方のプレゼンを聞き比べて○と×でチェックできる判定シートを用意した．このシートに記入した段階でも，「原稿なし」プレゼンが自分には無理だと判断する学習者は，本書を投げ捨てるべきだ．常に，最初の第一歩が肝心なのである．

最初のプレゼン時から「原稿あり」プレゼンが当たり前になると，企業で重要なプレゼンに臨んだとき，

「原稿なし」プレゼンを実行する勇気が出なくなり，原稿を手に持ってプレゼンしてしまう．その結果は火を見るよりも明白で，見事に大失敗することになる．ここで，必ず「原稿なし」プレゼンを厳守すべきだと堅く決意しなさい．

独学による「原稿あり」と「原稿なし」の差異確認シート（○ ×）		
	原稿あり	原稿なし
① プレゼン時間が守れるか		
② 安心してプレゼンできるか		
③ 発表内容の抜けは発生するか		
④ アイコンタクトは可能か		
⑤ ジェスチャーは可能か		
⑥ 話に間合いを付けられるか		
⑦ 聞き手の理解度が確認できるか		
⑧ 企業プレゼンで評価されるか		
⑨ プレゼンはどちらが格好良いか		

1-35 「原稿あり」と「原稿なし」の差異確認シート

1.8.2 独学によるアイコンタクト軌跡の徹底訓練

コミュニケーションの基本テクニックであるアイコンタクトを練習しよう．アイコンタクト時間には個人差があるが，今回は次に示す平均的な時間で強制的に訓練し，基本的なアイコンタクト軌跡とそのアイコンタクト時間を習得いただく．まず，1-36 のように，鏡の前に立ち，そこに映った自分の顔に対して，アイコンタクトをするのである．

1-36 独学によるアイコンタクト軌跡の徹底訓練状況

> アイコンタクトの仕方は，1-37 の (2) に示すように，自分の目に対し 2～3 秒アイコンタクトする．この訓練で重要なのは，アイコンタクト秒数を口に出してカウントすることである．
> 次に (3) のように，視線を移動させて，口元を 4～5 秒間見つめ，「1……5」とカウントする．

目へのアイコンタクトでは、「1, 2, 3」とカウントする．カウントすることで、アイコンタクト軌跡とその長さを体で覚えることが可能となる．以上のアイコンタクト軌跡の訓練を10回ほど、繰り返しなさい．

**独学による
アイコンタクト軌跡の徹底訓練**

（1）鏡に向かって立つ
（2）自分の目へ2～3秒間，アイコンタクトし，そのとき口に出して「1，2，3」とカウントする
（3）次に口元へ視線を移動させ，同様「1・・・5」とカウントする
（5）以上の（2）～（4）を10回繰り返す

1-37 独学によるアイコンタクト軌跡の徹底訓練

1.8.3 独学によるアイコンタクト・相づちの徹底訓練

アイコンタクト軌跡を体得したら，次に原稿なしの1分間プレゼンでこのアイコンタクト軌跡を具体的に実践してみよう．

1-38 の各項目にしたがって，訓練しなさい．訓練方法は，1分間プレゼンをしながら，目へ2～3秒間アイコンタクトを送り，視線を口元へ移動させて4～5秒間保持する．さらに，目へのアイコンタクト時に相づちを組み合わせるのである．

**独学による
適切なアイコンタクト・相づちの
徹底訓練**

原稿なし1分間プレゼン
（1）鏡に向かって立つ1分間プレゼンを実施
（2）自分の顔に向かって目への2～3秒のアイコンタクト，口元への4～5秒間の視線移動，さらに相づちを組み合わせる
（3）これを5回繰り返す

これを5回ほど繰り返すことで，対面式のアイコンタクトと相づちの適切な実施法がマスターできるだろう．

1-38 適切なアイコンタクト・相づちの徹底訓練

1.8.4 独学による軌跡移動式アイコンタクトの徹底訓練

次に，集団に対する軌跡移動式のアイコンタクトを訓練しよう．ただし，独学で集団に対する訓練を実施するには，若干の工夫が必要となる．

practice
1-39 の写真に示すように，講義室あるいは自分の部屋に集団の代わりになる顔紙を5～6枚置き，それが人間の顔であると想定して，訓練してみると意外とうまくいく．
右回りあるいは左回りにその顔紙へアイコンタクトと相づちを送りながら，1分間プレゼンを実施する．

この訓練を5回ほど繰り返せば，集団に対する軌跡移動式アイコンタクトと相づちのテクニックが習得できるはずだ．

独学による 軌跡移動式アイコンタクト徹底訓練
（1）教室 or 部屋に顔紙を5～6枚置く
（2）右回り（or 左回り）に顔紙へアイコンタクトと相づちを送りながら1分間プレゼン
（3）これを5回繰り返す

1-39 軌跡移動式アイコンタクト徹底訓練

1.8.5 独学による左右120度式アイコンタクトの徹底訓練

グループ訓練で解説したように，集団に対するアイコンタクト法としては，上述の軌跡移動式と 1-40 の左右120度式の2種類がある．

practice
左右120度の角度位置に顔紙を1枚ずつ置いて，1分間プレゼンを行う．まず右の顔紙に対してアイコンタクトを4～5秒間実施し，それから左の顔紙へ視線を移動させ，同様のアイコンタクトを送る．

**独学による
左右120度式アイコンタクト徹底訓練**

（1）顔紙を2枚，自分と120度の位置に置く
（2）右の顔紙へ向かって1分間プレゼンを開始し，アイコンタクトを4～5秒送る
（3）左の顔紙へ同様のアイコンタクトを送る
（4）訓練を5回繰り返す

教室へ顔紙を2枚置く

1-40　左右120度式アイコンタクト徹底訓練

この訓練を5回ほど繰り返せば，左右120度式アイコンタクトは体得できるはずだ．

以上の徹底訓練は1人で実施するため，イメージトレーニング的な訓練とならざるをえない．したがって，孤独な訓練メニューとなるが，努力すれば必ず効果は顕著に表れるので，ここが我慢のしどころである．

practice 次章のための課題
・3分間プレゼン用の原稿
・文字数＝900文字前後
・テーマ＝「私の個性」
（注意：原稿内容を再構成）

　次章ではプレゼン時間を延ばした3分間プレゼン訓練を実施する．文章量としては，1分間プレゼンが300文字であったので，その3倍の900文字前後である．また，テーマは本章と同じ「私の個性」とするが，内容は再構成していただきたい．というのは，著者の実施例では受講者が本章で発表した1分間プレゼンは聞いていて，それほど興味あるものは少なかったからである．個性に関する抽象論を語っているのが大多数で，抽象論だけでは，聞いていて各自の個性に対する具体的なイメージがわかない．

　そこでプレゼン原稿にストーリー性をもたせ，さらに内容には自分の体験に基づいたエピソードを必ず挿入することを必須条件とする．当然，「原稿なし」プレゼンを厳守させるので，繰り返し練習して，講義に臨んでいただきたい．

　なお，第4章「プレゼン原稿作成の極意：説得力のあるプレゼン原稿作成法」ではエピソードを含んだストーリー性のある原稿の作成方法を詳述している．必ず，この第4章を熟読し，その執筆法＝説得力のある原稿作成ルールにしたがって，3分間プレゼン原稿を作成していただきたい．

2

プレゼン中級編
高度なプレゼンテクニックの体得

2.1 高度なプレゼンテクニック

　前章では，プレゼンテーションの初級編としての基本テクニック，すなわち話すスピードとアイコンタクトならびに相づちを紹介し，1分間プレゼンでそれらを体得できる段階まで徹底訓練させた．さらに，その訓練過程で「原稿あり」プレゼンと「原稿なし」プレゼンの差違を認識させ，「原稿は決して読まない」と堅く心を定めさせたものと確信する．

　本章のプレゼン中級編では，高度なプレゼンテクニックを解説し，3分間プレゼン徹底訓練で体が自然とそのテクニックが表現できるレベルまで訓練させる．

　2-1 が本章で解説する高度なプレゼンテクニックである．前半の声量と語勢の強弱ならびに間合いの3つではプレゼンの発話すなわち言葉の発声に関するテクニックを紹介する．声量とは声の大きさである．その声量がかぼそくて小さい場合，話の内容が聞き取れず，当然，説得力以前の問題となり，プレゼンとしては失格だろう．

　語勢とは，「語勢を強める」の言葉からわかるように言葉の勢いのことである．語勢が全くない平板なロボットプレゼンよりも，語勢に強弱をつけたプレゼンのほうが人間としての感情をプレゼンに重畳させることが可能となる．ここでは，語勢の強弱のつけ方を指導する．

　間合い＝ポーズとは，発声を一時止め，次の発声までに続くわずかな無音の間

高度なプレゼンテクニック

- ■声　量
- ■語勢の強弱
- ■間合い（ポーズ）
- ■ジェスチャー
- ■ムーブメント
- ■顔の表情

2-1　高度なプレゼンテクニック

のことである．間合いをうまく取ることで，プレゼン力が格段にレベルアップする．要するに，声量と語勢と間合いを自在にコントロールするならば，言葉に力をもたせることが可能となる．この高度なプレゼンテクニックを本章では紹介し，徹底訓練させる．

後半のジェスチャー，ムーブメント，顔の表情は非言語的コミュニケーションテクニックと言われるもので，前章のアイコンタクトと相づちもそれに相当する．アイコンタクトと相づちの適切な実施法は，それほど苦労せずに身に付けることができるが，本章のジェスチャーとムーブメントならびに顔の表情は日本人が苦手とする典型的な非言語的コミュニケーションテクニックである．したがって，逆にこれらのテクニックを使いこなせるならば，卓越したプレゼンが実行できることにもなるので，是非，奮励努力いただきたい．

2.2 声　　量

2-2 では，地声の声量について解説している．当たり前だが，個人的な面談はマイクを使用せずに地声で話すべきだ．個人的面談における話し手と聞き手はどんなに離れても 2 m 程度であり，大きな声を出さなくても十分声が届く．図の 1 ＝ 就職面接，インタビュー，カウンセリング，読み聞かせ では，1 人対 1 人，もしくはせいぜい 1 人対数人程度の個人面談であるため，マイクを通して話すのは逆にその場の雰囲気としては，そぐわないだろう．

また，大学高専の卒業論文発表会や学会の学術講演会あるいは企業での研究報告会でも，部屋の大きさや参加人数によっては，大きな声量を出せば聞き取れる．このような場合には，マイクを通さずに地声で話さなければならないことがある．図中の部屋の大きさ＝ 小部屋（～70 m²），参加人数＝ 少人数（～40 人） 程度がその目安である．地声が小さいあるいは声が通

りにくい音質の場合，マイクが使えない部屋でのプレゼンには声を張り上げなければならない．

次に紹介するのは，研究室の博士課程の大学院生の学術講演会練習に立ち会ったときの経験である．その院生の声の音質がハスキーで，さらにプレゼンのときの声量も小さいため正確に聞き取れない．そこで，「声が聞き取れないので，大きな声を出せよ」と何度も注意したが，結局，彼の声量は1度も大きくならなかったのである．

彼に「なぜ，大きな声を出せと言っているのに，声が大きくならないのか」と詰問すると，「ぼくは十分声を大きく張り上げていました」と平然と答えるだけであった．

この奇怪な原因を探索していて，はたと気がついた．耳に聞こえる彼自身の声の音量は十分大きいと彼が判断したため，声をそれ以上張り上げることができないのかもしれないと．つまり，彼の声帯で発せられて鼓膜に伝わる気導音とは別に，彼は頭蓋骨から直接，聴覚神経へ伝わる骨導音をも聞いているので，プレゼンの音質と音量は，聞き手の我々と話し手の彼では全く別物だと考えたほうが良い．周知の事実であるが，自分の声の録音を初めて聞くと，自分の声ではないように感じるのはそのせいである．

解決策を 2-3 に示す．練習者のプレゼンをマイクでボイスレコーダーに録音させ，パソコンで再生する．教壇に置いたパソコン接続のスピーカーからの音量をプレゼン時と同じ大きさに調整して，練習者には部屋の角で自分の声の音量を聞かせるのである．

「自分の声が聞き取れたか？」と尋ねると，スピーカーからは通常の気導音しか聞こえないため，「少し，小さい声です」と，声量が小さかったことが初めて自覚できる．自覚できるので，声量を大きくすることが可能となるのだ．声量が大きくできていないといわれる

2-3 声量拡大法

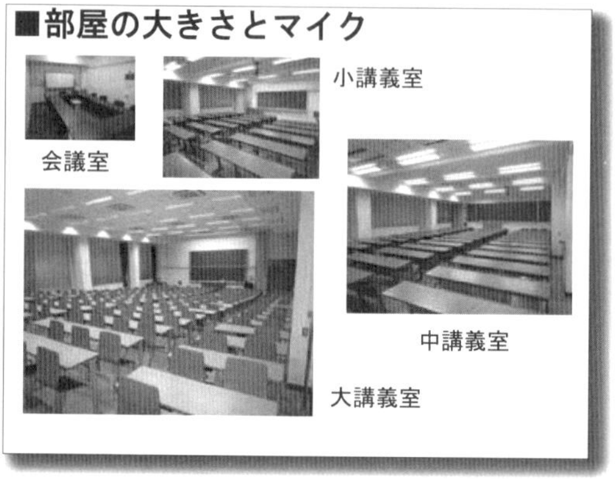

2-4　部屋の大きさとマイク

読者は是非，この**声量拡大法**を１度試してみなさい．

もう１つの原因として，声帯が鍛えられていないため，大きな声を物理的に出しにくい人がいる．この場合は，アナウンサーや声優など声をビジネスツールとしている人ならびに合唱や声楽などの音楽家の実践的な訓練法＝**発声練習**に取り組むしかない．本書ではこの発生練習には触れていないので，必要なときは専門書を参照いただきたい．

さて，部屋の大きさによっては，マイクの使用を考慮すべきである．2-4 に典型的な会議室と講義室の写真を示す．将来，受講者は卒業論文発表会や企業での研究報告会などのプレゼンをこのどれかの広さの部屋で実施することになるはずだ．写真左上の会議室は大学高専のゼミや企業での打ち合わせに使用される広さで，参加人数はせいぜい 10 名前後であるので，このような会議室でのマイクの使用はありえない．

写真の小講義室は席数約 60 である．この講義室にはマイク設備は準備されているが，必要性をあまり感じない．写真の席数約 100 の中講義室は，マイクなしの講義も可能ではあるが，声量を張り上げないと声が届かない．

したがって，この中講義室の大きさより広い部屋では，マイクを使用したほうが良いだろう．最後の写真左端の席数約 200 に近い大講義室では，マイクは必需品であり，講義途中でマイクが電池切れになったら，電池を交換しないかぎり，講義を再開できないほどである．

2-5 に**マイク設備**を示す．まず，マイクを使用するときの注意点としては，ハウリングの発生しない適正な音量になるようにアンプのボリュームを調整する必要がある．ただし，このボリュームは一般的に関係者だけが調整できるようになっていて，学会の発表者がプレゼン直前に自分で調整することはできない．

したがって，早めに会場に到着して，そこに待機している会場係にマイクの音

量テストを依頼するなどの特別な場合を除き，音量は調整済みとして，後述のマイクと口との距離ならびに声量の出し方で対応するしかない．

マイクの種類として，コード付きマイクとワイヤレスマイクの2種類がある．コード付きマイクは音質が良好だが，移動距離は当然，コードの長さで制限される．それに対し，ワイヤレスマイクは写真のハンドマイクとピンマイクともに，動きながらのプレゼンには適している．ただし，マイクが赤外線タイプの場合には，その発光部を手でつかんでしまうと，音切れするので注意が必要である．

■マイク設備
・マイクを使うときの注意点？
音量調整＝ハウリングのない適正な音量
→ 事前にマイク距離とボリュームの調整
・マイクの種類による使い分け
コード付きマイク：音質は良好だが動けない
ワイヤレスマイク：動けるが指向性をチェック
← ハンドマイク　　ピンマイク →

2-5 マイク設備

2-6 にハンドマイクとピンマイクでのプレゼン状況を示す．ピンマイクの場合，男性ならばネクタイに取り付けるのが一般的で，女性ならば襟元に取り付けても良い．適正なマイク距離としては，ハンドマイクとピンマイクともに，口から約15 cm程度が良いだろう．

この距離でマイクを通した声量が小さいときは，可能ならば会場の担当者にアンプのボリューム調整を依頼しよう．ただし，その調整は通常無理なので，マイクと口との距離を縮めて調整することになる．だが，口元がマイクで隠れるほど近づけてはいけない．なぜなら，顔の表情がわからないと，説得力が激減するからである．そのときには，マイクで口を隠さなくても

■適正なマイク距離

ハンドマイク　　　ピンマイク

2-6 適正なマイク距離

声が届くように,声量を大きくするしかない.

2-7 にマイクで口を隠したプレゼン状況を示す.文字どおり「百聞は一見にしかず」で,顔の表情が読み取れないと説得力も発揮できないのが了解されるはずだ.

また,新型インフルエンザが大流行したときの学術講演会では,右写真のようにマスク状態のプレゼンに遭遇した.これなどは,プレゼン以前の基本的マナー違反であり,聞き手に対して大変失礼な行為だということが実演者は理解できていないのだろう.

2-7 口隠しプレゼンと顔の表情

2.3 語勢と間合い

2-8 に示すように,プレゼンにおいて重要な単語やキーワードを話すときには語勢を 強める .そして,語勢の強い箇所を目立たせるためには,その語勢を強めた前後は長めの 間合い を取ることになる.

この語勢の強弱は,普通の会話ではごく自然に実行しているものである.学生アンケートでも「語勢の強さを一定にすべきか」との質問に対し,No = 100% で,全員が語勢を変化させるべきだと認識している.ただし,この認識に間違いはないが,実際のプレゼンにおいて語勢の強弱を的確につけて実行しているのは非常にまれである.

語勢の強弱を見事に表現

2-8 語勢

◆ 語勢強調の好例：映画インデペンデンス・デイの大統領演説

映画インデペンデンス・デイの大統領演説は語勢の強調によって，いかに言葉に力をもつかを実証した良い例だ．映画をまだ見ていない人のためにストーリーは紹介しないが，視聴すべきところは，アメリカ大統領がトラックの荷台に登り，決戦を前に"Good morning"で始める演説である．抑制の利いた静かな話し口から始まり，中盤で言葉を少しずつ強め，後半には感情を高揚させて檄を飛ばし，最後の決め言葉"Today we celebrate our Independence Day"で使命感が爆発．演説文章も実に素晴らしい．大統領を演じた俳優もすごい．言葉に力をもたせるのは，文章とそれに命を吹き込む人間であるのがよくわかる演説だ．試しに，この場面を日本語版で聞いて比較してみると良い．日本語では，大きな感動が得られないだろう．英語のヒアリング力が劣っていたとしても，この俳優の肉体を通して出てきた言葉，この場合，英語の言葉が力をもっているのであって，日本人の声優がいかに素晴らしくても，米国人俳優の肉体から発せられた言葉でないため，力をもたない．「言葉は力」，その力は本人の肉体から出てくることが如実に理解できる演説である．

している実例として，映画インデペンデンス・デイの大統領演説を是非，視聴していただきたい．この演説の場合，語勢の強調箇所の出現頻度は意外と高く，1～2文に1箇所は強く発音している．さらに，頻発する語勢強調を聞いていても全然奇妙とは感じないのは，俳優の演技力が優れていることの証明だろう．しかも，演説が進むに連れて，感情が高まり，それに連動するように語勢の強調箇所がますます強く発音されている．是非，この演説で語勢強調の効果による臨場感の高まりを感じ取っていただきたい．したがって，後述の宿題（ 2-10 ）では各自のプレゼン文章で語勢を強調すべき箇所に目印をつけるように指示しているが，このとき1～2文に1箇所程度を目安につけていただきたい．

2-9 の間合いは，初心者が最初につまずくプレゼ

■ 間合い（ポーズ）

・なぜ，「間合い」が必要なのか？
　立て板に水 → 平板なため理解度が低くなる
　適切な間合い→ ? → 理解度向上

・「間合い」のタイミングと長さ
　タイミング → 話の区切り，思考を促すとき
　長さ（秒）→ 0.1 0.5 1 2 3 4 5 秒？
　＝息継ぎより長く，沈黙よりも短い

2-9 間合い

ンテクニックだ．それは，立て板に水のような流暢（りゅうちょう）なプレゼンが良いプレゼンだと誤解しているためである．

　例えば，落語は絶妙な間合いをもつから笑える．間合いのない落語では笑うべきところがわからないため，まことにつまらない話になってしまう．

　話し手が適切な間合いを作ると，聞き手はその間合いの後にくる言葉をキーワードではないかと待ちかまえる．つまり聞き手に適切な間合いを送ることで，重要箇所が何であるかを思考させ，そして聞き耳を立てて正確に聞き取らせることで，話の理解度を向上させているのだ．言うなれば，話し手と聞き手は，間合いによって理解度のキャッチボールしているのである．

　間合いのタイミングに関しては，それを的確に把握するのは，最初は大変難しい．しかし，プレゼンに慣れてくると，聞き手の理解度が間合いによって手に取るようにわかる．「聞き手の理解度が落ちているな」と気づけば，話の節々で長めの間合いが適切に取れるようになる．**間合いの長さは個人差が大きいが，通常，2-9 に示すように0.5～2秒程度である．**感覚的には，息継ぎよりも長く，沈黙よりも短い．

　一方，間合いの入れ方には明確な原理が存在する．間合いは，語勢を強調した単語，キーワードの前後に入れるのである．話のポイント，強調点，結論などを

◆ 間合いの好例：iPhoneを発表するスティーブ・ジョブズ

　アップル社の創業者であるスティーブ・ジョブズはカリスマ経営者であった．彼の新製品紹介プレゼンの会場には，スティーブ・ジョブズが好きだからアップル製品が好きだという愛好家が詰めかけていて，あたかもアイドルの新曲発表会のような状況が醸し出されている．そうは言うものの，ジョブズのプレゼンは絶品であることに間違いない．ここでは，彼の間合いの取り方を見ていただきたい．その中には，通常では沈黙だと誤解されるほどの5秒を越えるような非常に長い間合いもある．これは彼ほどの有名人だから，そのカリスマ性によって，許される間合いだ．しかし，間合いの原理は的確に守っている．ジョブズの間合いの取り方は，その間合いの後にくる言葉がキーワードであることを聴衆は知っているので，その言葉を何であるかを思考させ期待させ，そして期待どおりの言葉＝新製品名を聴衆の心の中にこれ以上深く刻めないほどに刻みつけているのだ．その意味で，ジョブズはアップル社のCEOであると同時に，最高のセールスマンであったと言えるだろう．初心者の苦手とする間合いの学習には最適な教材であるので，是非，視聴いただきたい．

強調するときにも，その前後に入れる．

つまり，語勢と間合いはコインの裏表の関係であり，語勢強調があるところ，必ずそれを挟(はさ)むように間合いをつける．当然，前後の間合いのうち，前の間合いのほうが長めの間合いとなるのは理解できるだろう．

これから語勢と間合いの

語勢・間合いの準備 ＜宿題＞
■３分間プレゼン原稿に次項を加筆して練習
（１）強調すべきキーワードに赤マーカー（語勢の強調）を付ける
（２）赤マーカーの直前と直後に　Ｖ（間合い）記号を次の例のように付ける

・・重要なのは ^V独創的なアイデア^V なのだ・・・

（３）語勢と間合いを付けて５回練習
（４）携帯電話のボイスレコーダーに録音して，語勢と間合いの付け具合を確認し，さらに５回練習

2-10 語勢と間合いの準備〈宿題〉

徹底訓練にあたり，練習もしないで臨んでは，訓練効果が期待できないため，2-10 に示す練習を宿題として課すので，十分に練習を積んでほしい．

practice
まず，３分間プレゼン原稿に語勢を強調するキーワードを考察し，その箇所に赤マーカーを施す．この赤マーカーの前後は当然，間合いをつけるので，その箇所に記号Ｖを付す．この原稿で５回ほど，語勢と間合いをつけながら，読み通し練習をしなさい．さらに，ボイスレコーダー機能付きの携帯電話にこの語勢強調と間合いのついたプレゼンを録音し，それらの良否を確認して，さらに５回練習していただきたい．

また，独学の学習者も 2-10 で語勢と間合いの練習を積むことができるので，必ず訓練しなさい．

では，宿題で十分なプレゼン練習を重ねたはずなので，これから語勢と間合いの徹底訓練を実施する．プレゼン形式は 2-11 に示すように，２人対面で，当然，「原稿なし」３分間プレゼンとする．

語勢・間合いの徹底訓練
■原稿なし３分間プレゼン：２人対面
（１）２人対面で立ち上がる
（２）語勢マーカーと間合い記号を付けたプレゼン原稿を聞き手へ渡す
（３）話し手はアイコンタクト，相づち，**語勢強弱**，**間合い**を付けて，原稿なし３分間プレゼンを２度実施
（４）聞き手は原稿を見ながら，語勢強弱と間合いの付き具合をチェックシートに記入
（５）役割交代
（６）間合い，語勢強弱についてディスカッション

2-11 語勢・間合いの徹底訓練

まず，2人とも立ち上がる．話し手は，3分間プレゼンを2度，連続して実施する．1度目のプレゼンのとき，聞き手は前もって渡されている語勢と間合いを入れた原稿を見ながら，その原稿に語勢と間合いの有無をチェックする．2度目のプレゼンでは，それを聞きながら，2-12 のチェックシートに語勢と間合いのつき具合を点数で記入する．2度のプレゼンが終わったら，チェックシートのコメント欄に「良い点と悪い点」を明記し，口頭でも，それを話し手へ伝える．

　1人目のプレゼンが終了したら，次に役割を交代し，同じことを繰り返す．すべてが終わった段階で，語勢強調と間合いについて，2人でディスカッションしていただきたい．

語勢・間合い訓練のチェックシート

	良い ←			→ 悪い
語勢強弱	4	3	2	1
間 合 い	4	3	2	1

＜良い点と悪い点の指摘＞

2-12　語勢・間合い訓練のチェックシート

■語勢と間合いの感想

（1）間合いを話しているときに気にすることは無理なので，原稿どおりの間合いができない．
（2）緊張していると，間合いを取るほどの余裕がないので，難しい．
（3）元々の間合いの取り方と，プレゼンに適した間合いの取り方が違うので，修正する必要を感じた．
（4）間合いをどの程度取ればよいのかが，わからない．適度にその間合いをつかめるようにしたい．
（5）緊張していると，語勢まで気配りできない．

2-13　語勢と間合いの感想

　2-13 は，語勢と間合いについての感想をまとめたものである．ほとんどの受講者は，語勢よりも間合いの実施が難しいと感じているようだ．理由は明快である．語勢は言葉を強く発音すれば良いのだから，訓練で簡単に習得できる．

　それに対して，間合いは「プレゼン中に無言の時間を作る」作業である．プレゼン中の話し手は原稿の内容をいかに話すかに精一杯であるため，「その途中に話さない時間をうまく挿入せよ」と言われても，慣れない段階でそれを実現するのは至難な業となるのであろう．

　感想の (1)～(4) は結局，その習得の難しさをそれぞ

れの感性で表現したものである．適切な間合いの取り方の習得法は，訓練しかない．プレゼンに場慣れすれば緊張は少なくなり，その結果，第三者的な冷静な判断力で自分のプレゼンを聞き取れるようになる．そうなれば，ごく自然に良好な間合いを表現するのが可能となる．本章の最後には，1人ずつ教壇に立って3分間プレゼン試験を紹介するので，それに向けて訓練を重ねていただきたい．

2.4 ジェスチャー

2-14 の非言語的コミュニケーションテクニックとして，前章ではアイコンタクトと相づちを徹底訓練させた．本章ではジェスチャー，ムーブメント，顔の表情の3つを取り上げる．

ジェスチャーはわかりやすく言えば身振り，手振りであり，日本人は極めて苦手とするものだ．外国人特に欧米圏の国民は見事なジェスチャーテクニックを体得している．

日本人を含んだアジア人には，その理由はよくわからないが，全般的にジェスチャーがほとんど出ない．日本人の学術講演会では，初心者の学生から学会の大御所まで，直立不動型プレゼンである．したがって，ジェスチャーを適切に繰り出すプレゼンが実行できたならば，アピール性の高い，優秀なプレゼンになることは確実に保証できる．

ムーブメント＝体の動き，顔の表情＝感情表出に関しては，高度なプレゼンテクニックであるので，本書ではその解説にとどめ，訓練項目には入れていない．ただし，これらのプレゼンテクニックを体得したならば，卓越したプレゼン実行者となりえる．是非，独学で習得していただきたい．

結論として，これらの非言語的コミュニケーションテクニックは，言葉による発話を側面から補助して，プレゼン内容の伝達力を強化するものであり，体得し

非言語コミュニケーションの効果

- ■アイコンタクト（視線）
- ■相づち（頭の動き）
- ■ジェスチャー（身振り）
- ■ムーブメント（体の動き）
- ■顔の表情（感情表出）

＜効　果＞：言葉の発話を補助して，プレゼン内容の伝達力が強化できる．

2-14 非言語的コミュニケーションの効果

■ジェスチャー
・ジェスチャーの形態

2-15 ジェスチャー

て損はない．

　2-15 にジェスチャーの典型的な形態を示す．両手を使ったジェスチャー，片手すなわち指先を使ったジェスチャーなど多彩な形態がある．

　もっとも，ジェスチャーは写真に映っているように止まった状態ではなく，元来，動いているものだ．それを静止している写真で解説するには若干の無理があるのだが，強いて解説するならば，ジェスチャーは指の動きと腕の身振りの2つに大別できる．

　2-16 に示すように，指の身振りは 1 = 方向性，数，指摘 を示していて，腕の身振りは 2 = 感情，意思，問いかけ を意味している．例えば，「我が社の進むべき道はここだ」と言って，人差し指でその進むべき道＝「方向性」を指し示す．「数」については，聴衆に指を3本見せながら，「本日の講演のポイントは3つです」と話しかけることになる．さらに，人，物，事柄を「指摘」するときは，人差し指で具体的にその人，物，事柄を指し示せば良い．

　一方，**2-16** の下の写真のように，両手を広げたジェスチャーでは，「え〜，何だ，それは！」という驚きの「感情」を表し，あるいは「さあ，あなたを歓迎しますよ」という「意思」表示，それとも「あなたなら，どうしますか？」という「問いかけ」の意味かもしれない．

　以上から理解できるように，ジェスチャーは単独では意味不明であるけれど，

■ジェスチャーの効果
・指の身振り
　→ 　1　
・腕の身振り
　→ 　2　

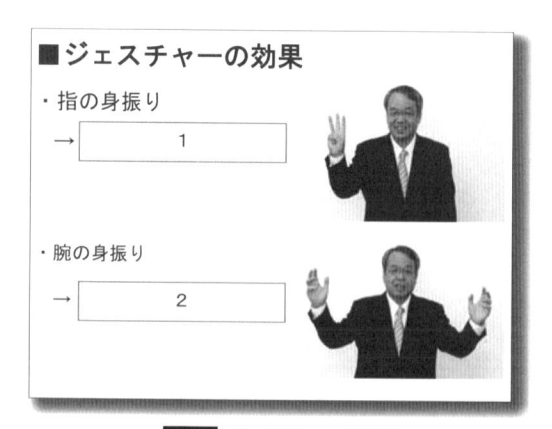

2-16 ジェスチャーの効果

そのとき話しているプレゼン内容によって，ジェスチャーはそれぞれの意味をもち，そのプレゼン内容を補強する役目を担っている．

ジェスチャーは複雑な出現形態をもつために，一朝一夕には体得しがたい．体得への第一歩として，次頁で紹介のサンデル教授の卓越したジェスチャーを参考にして，さらに，外国の映画やTVドラマを見て，研究していただきたい．

2-17 を宿題に課すので，ジェスチャーの徹底訓練の前に練習しなさい．

practice
まず，「原稿なし」3分間プレゼンをボイスレコーダーに録音する．次に鏡に向かって立ち，ボイスレコーダーから録音を流しながら，その内容に合致するジェスチャーを繰り出す．この録音練習を5回ほど繰り返すのである．それが終了した段階で，「原稿なし」3分間プレゼンにジェスチャーをつけながら実演し，これも5回ほど繰り返し練習せよ．

また，独学による学習者も 2-17 でジェスチャーの練習が全く同様に実施できるので，必ず訓練いただきたい．

では，宿題で十分なプレゼン練習を実施したはずなので，これからジェスチャーの徹底訓練を開始しよう． 2-18 に示すように，プレゼン形式は2人対面で，当然「原稿なし」3分間プレゼンで実施する．

ジェスチャーの準備 ＜宿 題＞

■原稿なし3分間プレゼン：鏡に向かって練習
（1）鏡に向かって立つ
（2）録音したボイスレコーダーから録音を流す
（3）録音を聞きながら，適切なジェスチャーを繰り出し，その状況を鏡で確認する（＝録音練習）
（4）録音練習を5回実施
（5）ジェスチャーを付けながら原稿なし3分間プレゼンを5回練習

2-17 ジェスチャーの準備〈宿題〉

ジェスチャーの徹底訓練

■原稿なし3分間プレゼン：2人対面
（1）2人対面で立ち上がる
（2）話し手はアイコンタクト，相づち，間合い，語勢強弱，さらにジェスチャーを付けて，原稿なし3分間プレゼンを2回連続で実施
（3）聞き手はジェスチャーならびに内容との関連についてをチェックシートに記入する
（4）役割交代
（5）ジェスチャーについてディスカッション

2-18 ジェスチャーの徹底訓練

◆ ジェスチャーの好例：マイケル・サンデル教授「白熱教室」

　前章で紹介したハーバード大学教授のマイケル・サンデル教授の白熱教室は，多彩なジェスチャー表現法としても卓越した教材である．「後ろ手に組んで歩くジェスチャー」「学生達を指し示すジェスチャー」「数を指摘するジェスチャー」「両手を広げるジェスチャー」「両手を体の前で組むジェスチャー」「片手を右上へ振り払うジェスチャー」「ハンドルをもつジェスチャー」「広げた片手を体の前で振るジェスチャー」「片手をズボンのポケットに入れるジェスチャー」「右手を右上から左下へ円弧上に振り下ろすジェスチャー」など，極めて多彩なジェスチャーを繰り出している．ただし，音声を消して，ジェスチャーだけを見ても，全く意味不明である．このことから，ジェスチャーはプレゼン内容に連動して，出現しているのがよくわかる．受講者は，この白熱教室の講義を1度ではなく，何度も視聴しながら，サンデル教授のジェスチャーを演技として模倣していただきたい．ジェスチャーをまねることで，ジェスチャーの出し方と形態を体で覚えることができるだろう．

practice
　まず，2人とも立ち上がり，話し手は3分間プレゼンを2度，連続して実施する．そのプレゼンでは，練習のジェスチャーをつけるとともに，ここまでに学習したアイコンタクト，相づち，間合い，語勢強調を入れながら，プレゼンしなければならない．聞き手は，1度目のプレゼンのとき，ジェスチャーのつき具合をチェックし，2度目のプレゼンでは，2-19 のチェックシートにジェスチャーならびに内容との関連の2項目について，点数で記入する．
　2度のプレゼンが終わったら，チェックシートのコメント欄に「良い点と悪い点」を明記し，口頭でも，それを話し手へ伝える．1人目のプレゼンが終了したら，次に役割を交代し，同じことを繰り返す．すべてが終わった段階で，ジェスチャーについて，2人でディスカッションしていただきたい．

　ジェスチャーに関する授業アンケートで 2-20 の指摘を受けた．著者は受講者の意見を聞くときに，右手の人差し指の**指さしジェスチャー**で受講者を当てている．

　その指さしを当たられた者が不快に感じるので，この指さしジェスチャーは改めたほうが良いとの意見である．

　これは非常に重要な指摘だ．なぜなら，受講者にしっかりと講義内容を理解させ，考えさせ，徹底訓練し，プレゼンに練達させることが目的であるのに，その講義で受講者が不快感を覚えているのなら，全く逆効果となるからである．

　そこで，この指さしジェスチャーに関して，2-20 に示す (1)〜(3) の項目に

ついて，受講者独自に考えさせるため，5〜6人のグループでディスカッションを実施した．

2-21 にディスカッション結果をまとめている．テーマ（1）の不快のメカニズムの解明に関して，指さしをする先生は「偉そうな感じがするため」「ターゲットにされているため」「敵意を感じるため」「マナーが悪いから」などの意見が表明された．これは受講者の率直な意見であり，尊重しなければならない．

この指さしで不快感を覚えるメカニズムについて，文化と国民性の点から若干の考察を加えてみよう．視聴を勧めたハーバード大学白熱教室のマイケル・サンデル教授は学生を当てるときには指さしジェスチャーを多用していた．もっとも，白熱教室では教授が学生に意見を求めると，非常に多くの学生の手が挙がり，その1人を当てるために，指さしジェスチャーをしてい

ジェスチャーのチェックシート

	良い ←			→ 悪い
ジェスチャー	4	3	2	1
内容との関連	4	3	2	1

<良い点と悪い点の指摘>

2-19 ジェスチャーのチェックシート

「指さし」に関する学生の指摘

■指さしで不快感

　学生を当てるとき，指をさすクセは直した方がよいと思います．若干，不快感があります．

◆ディスカッション：各3分
（1）なぜ，不快になるのか＝不快のメカニズムの解明
（2）指さしが許される場合と許されない場合
（3）ジェスチャーから「指さし」は削除すべきか

2-20 指さしに関する学生の指摘

指さしに関するディスカッション

（1）なぜ，不快になるのか＝不快のメカニズムの解明
　　偉そうな感じがするため，ターゲットにされているため，敵意を感じるため，マナーが悪いから
（2）指さしが許される場合と許されない場合
　（許される場合）多数の聴衆の前，相手とアイコンタクトが取れていればOK，場所・物を指すとき，質問者を当てるとき，遠方の人への指さし
　（許されない場合）威圧感があるとき，叱られているとき，顔へ向けてするとき
（3）ジェスチャーから「指さし」は削除すべきか？
　（結　論）時と場合による

2-21 指さしに関するディスカッション

る．

　それに対し，日本の授業では学生に意見を求めてもまず手は挙がらない．そこで，仕方なく学生を1人指名するために，指さしジェスチャーをするのである．つまり，ハーバード大学では意見表明の学生に対し報償的な意味合いをもつ指さしジェスチャーであり，日本では誰も意見を出さないので代表して犠牲となる特定の学生への懲罰的ニュアンスを含んだ指さしジェスチャーとなっている．

　アメリカ文化では積極的な意見表明を賞賛する文化的背景があり，また多民族国家であるので，その国民性としても自己主張しなければ生き残れない生存競争の厳しい社会でもあるため，学生に意見を求めると，一斉に手が挙がるのである．

　一方，日本では積極性な意見表明を奨励しているものの，聖徳太子の時代から和を尊び，目立たないのを善しとする文化的素地があるので，学生に意見を求めても，手が挙がらない．意見が出ないので，教員の著者が受講者に意見表明を「指さし」で強制する結果，指摘の不快感を覚えるのであろう．

　ディスカッションのテーマ（2）に関して，許される場合は図に列挙されているとおりで間違いない．一方，許されない場合としては，威圧感があるとき，叱られているとき，顔へ向けてするときの指さしは指摘のとおりで避けるべきだと判断した．

　テーマ（3）の「ジェスチャーから『指さし』は削除すべきか？」については，時と場合によるのであって，明言できないとの結論であった．

　以上の受講者の意見から，教員の著者は質問のために挙手した学生を指し示すとき以外で学生を指名するときには，指さしジェスチャーはしないと学生へ表明した．

　受講者たちに，「この指さしジェスチャーに代わるジェスチャーはどうすれば良いのか？」の改善策を授業アンケートで募集したところ，2-22 の改善策が提供された．写真のように，

指さしに関する学生からの助言

◆指さし回避 → 手のひらジェスチャー
　指さしではなく，指をそろえて相手に向ければ良いのではないでしょうか．（同様の意見が合計3件）

2-22　指さしに関する受講者からの助言

指さしではなく，指を揃えて相手に向ける**手のひらジェスチャー**が良いのではと助言されたのである．ちなみに，この授業以来，著者は受講者を指名するとき，手のひらジェスチャーを実行している．

2-23 が受講者の「ジェスチャーは難しかったか，やさしかったか？また，その理由は？」に対する感想である．結果は，ジェスチャーは難しい：やさしい＝57％：43％で，若干難しいが多かった．

■ジェスチャーの感想
・ジェスチャーは難しい
（１）出すタイミングが難しい．（同意見１２件）
（２）話すことで一杯いっぱいになったため．
（３）意味もなく動かすのは恥ずかしいと感じる．
・ジェスチャーはやさしい
（１）普段から意識せずに出ている．（同意見１６件）
（２）緊張していると，出ないのですが，落ち着いてくると，自然と出るようになった．
（３）ジェスチャーで緊張をごまかせる気がするから．

2-23 ジェスチャーの感想

「ジェスチャーはやさしい」の理由として，図に示すように，（1）の「普段から意識せずにジェスチャーが出ている」という意見が過半数以上の16件もあり，これらの受講者はジェスチャーを出すことには違和感をもっていない．ただし，ジェスチャーはやさしいと言った受講者でも，ジェスチャーの表現力はそれほど豊かではなく，さらなる徹底訓練が必要だ．

一方，（1）の意見から，「**ジェスチャーは難しい**」という受講者の大多数がこれまでの経験としてジェスチャーを出すのに慣れていないのがわかる．

さらに（3）のジェスチャーを恥ずかしいと感じる受講者がいるのには驚きを禁じえない．このような受講者にとっては，ジェスチャーの必要性と羞恥心を天秤にかけた結果，羞恥心が勝っているのである．

この羞恥心を払拭しないかぎり，プレゼンテクニックとしてのジェスチャーの体得は不可能だ．そこで，ジェスチャーをつけたプレゼンとジェスチャーが皆無の直立不動のプレゼンを著者がモデルとして演じ，それをビデオに撮影し，受講者に見比べさせることで，ジェスチャーをつけたプレゼンのほうが，はるかに説得力とアピール力が高いのを実感させることにした．

2-24 が，ビデオでのジェスチャー形態である．右写真では，多彩なジェスチャーを繰り出してプレゼンし，同じプレゼン内容を左では直立不動の状態で実施している．このジェスチャーの有無による説得力とアピール力の違いは歴然と

■ジェスチャーの有無による説得力とアピール力の違い

ジェスチャーなし　　ジェスチャーあり

2-24 ジェスチャーの説得力とアピール力

しているので，ジェスチャーに否定的な考えをもった受講者もジェスチャーの有効性を的確に認識したようである．

2.5 ムーブメント

2-25 のムーブメントの一例を示す．図の写真ではジェスチャーをしながら，立ち位置を右から左へ向けて移動している．

ムーブメントとは文字どおり，発表者が移動しながらプレゼンする形態であるが，マイクが演台に固定されているプレゼンのときには，当然，ムーブメントを出すことはできない．また，会場が極めて狭い場合もムーブメントを実施するのは無理だろう．

したがって，聴衆が多く，ワイヤレス形式のマイクシステムも準備されていて，さらに会場が広く，しかも講義室や講堂の舞台のように前方に移動スペースが確保されているという4つの条件が整ったときに，ムーブメントを実施するのが可能となる．

■ムーブメント
・動きながらのジェスチャー動作

2-25 ムーブメント

ムーブメントは，「移動速度」と 2-26 に示す「顔の向き」ならびに 2-27 の「移動パス」の3つの構

2.5 ムーブメント

成要素に分解できる．

　特殊な例外を除き，移動速度は通常ゆっくり歩く程度なので，本書では言及しない．

　2-26 の構成要素「顔の向き」に関しては，アイコンタクトで強調したことを思い出していただきたい．話し手が聞き手へアイコンタクトするのは，聞き手の理解度と心理的反応を確認するためである．

　聴衆が大勢のときには1度で全員へアイコンタクトを送れないが，体を向けた前方の聴衆に対して「あなたたちへアイコンタクトしていますよ」という意味を明確化するために，顔もその聴衆へ向けるのである．

　顔の向きだけでは，広い会場の場合は，アイコンタクトが弱くなるので，それを強化するため，その観衆へ向かって物理的に移動するのである．それが，結果として 2-27 の移動パスとなる．

　以上のムーブメントの効果を 2-28 に示す．結論

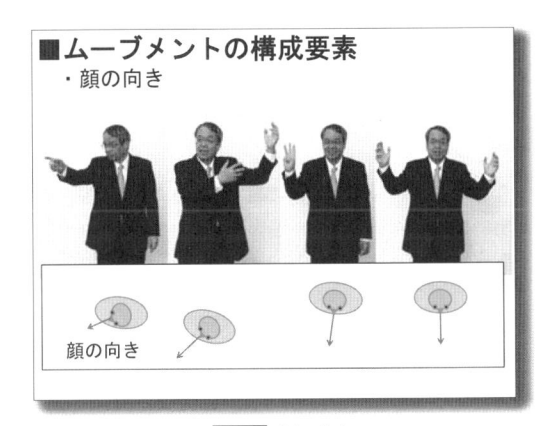

■ムーブメントの構成要素
・顔の向き

2-26　顔の向き

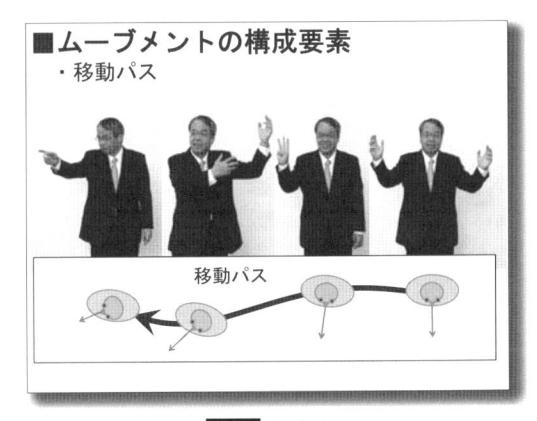

■ムーブメントの構成要素
・移動パス

2-27　移動パス

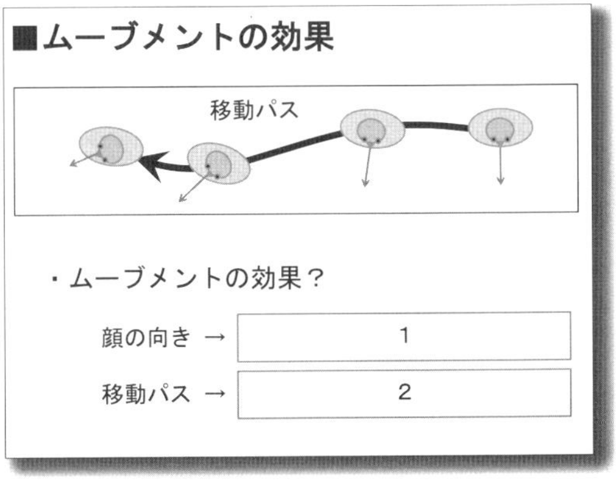

■ムーブメントの効果

・ムーブメントの効果？

| 顔の向き → | 1 |
| 移動パス → | 2 |

2-28　ムーブメントの効果

> ◆ ムーブメントの好例：マイケル・サンデル教授「白熱教室」
>
> ハーバード大学教授のマイケル・サンデル教授の白熱教室はムーブメントの好例としても紹介できる．教授のムーブメントの実施状況から，数百人が詰めかけている大講堂でのプレゼンで全ての学生の耳目を引くには，本講義で解説のムーブメントの実行すなわち舞台を左右，前後に移動し，さらに顔の向きを変化させて，アイコンタクトを多くの学生へ送ることが不可欠だと理解できるだろう．さらに，マイケル・サンデル教授のムーブメントで注目すべきは，学生を指名し，その学生がマイクを持って意見を述べるとき，舞台の上の教授はその学生の方向へ移動し，的確なアイコンタクトを集中させている点である．この行為によって，「私はあなた＝質問者の意見をしっかりと聞いていますよ」という態度を全学生へ明示することができているのだ．マイケル・サンデル教授の講義法は他の解説からも了解できるように，ムーブメントでもアイコンタクトでもジェスチャーにおいても傑出したプレゼンである．是非，繰り返し視聴し，そのテクニックを体得していただきたい．

的には，ムーブメントはアイコンタクトを強化するために実施し，その構成要素の顔の向きは 1 = アイコンタクトしている聴衆を明確化 するためであり，移動パスは 2 = 接近でアイコンタクトを強化 するためである．

 要するに，全聴衆へ1度にアイコンタクトを送ることができない場合，ムーブメントの顔の向きと移動パスによって，聴衆を分割しながら，その集団へアイコンタクトを送り，その結果として全聴衆への説得力とアピール力を高める効果を発揮していることになる．

 ここで1点補足しておく．学会の学術講演会や企業での研究報告会では，このムーブメントを実施することができないと一般的に考えがちだ．確かに，プレゼン中にムーブメントで動き回ることは難しいが，プレゼンが終了して，質疑応答の段階でも講演者は立ち位置を微動だにせず，質問者へ顔を向けるだけで質問に答えている講演者が多く見られる．

 是非，このときは質問者へ向かって2歩，3歩と近づいて回答していただきたい．このムーブメントによって，講演者と質問者との物理的な距離が近づくと同時に，心理的な距離も縮まり，質問者本人だけでなく，会場にいる聴講者へも良い印象を与えることができるようになる．

2.6 顔の表情

　授業アンケートで「プレゼンのときは，顔の表情を変化させたほうが良いのでしょうか？」という質問があった．現代では，ロボットでさえ，顔の表情を変化させることの可能なアンドロイドが作製されている．まして，人間がプレゼンするのだから，プレゼン内容に適宜対応して，顔の表情を変化させて＝感情を表出させて，プレゼンすべきだ．

　ところが，学生のプレゼンでは，能面のように固まった表情でプレゼンを続けているのをよく見かける．その原因は，初心者の学生は精神的な余裕がないので，プレゼン時に顔の表情まで意識が回らないためである．落語家のように表情の変幻自在なバリエーションを準備する必要はないが， 2-29 の喜怒哀楽の違いがわかる程度の感情表出は初心者でも必要だろう．

　例えば，企業の研究報告会で実験がうまくいかず壁にぶつかっている状況を説

・表情の効果

喜　　怒　　哀　　楽

2-29 顔の表情

◆ 顔の表情の好例：三遊亭圓楽「厩火事」

　レンタル店で DVD を借りて，落語の三遊亭圓楽『厩火事』を是非，1度視聴いただきたい．圓楽師匠は一見，感情の起伏が表情に出にくい無骨な顔つきだが，落語では登場人物の喜怒哀楽を抑えた演技で見事に表現していて，この顔の表情がいかに大事であるかを如実に物語っている．厩火事の演目では，寄席に行くという嘘をついて，女遊びに出かけようとする亭主に対して，平静を装いながらその実，腹の底では怒りに燃える女房の顔つきが見物で，この演技をプレゼンにおける感情表現の手本として見るべきだ．なぜなら，プレゼンは映画や TV ドラマでないのでストレートに感情を噴出させるのは厳禁だが，感情を抑制した喜怒哀楽がそこから読み取れる程度の感情表現は要求されているのである．

> **3分プレゼン徹底訓練の準備＜宿 題＞**
>
> ■次回の3分プレゼン徹底訓練の練習
> （1）語勢・間合いのチェックシート（図2-12）とジェスチャーのチェックシート（図2-19）で指摘された事項を改善するために，原稿を修正せよ
> （2）採点表に示すように，話の内容を10点で評価するので，エピソードとストーリー性を構築せよ
> （3）鏡の前で，アイコンタクト，間合い，語勢，ジェスチャーを発揮した3分間プレゼンを繰り返し，練習せよ
> （4）以上の練習を5回実施

2-30 3分間プレゼン徹底訓練の準備〈宿題〉

明するときには「哀」の顔をすべきだ．そのとき，平気の平左で「喜」や「楽」の顔つきでプレゼンしているならば，上司から強い叱責に遭うこと必定である．また，大発明や大発見のデータを発表するときは心の底から沸き出でるような「喜」の表情でプレゼンしなければならない．つまり，プレゼン内容に合致した表情を少なくとも演技することがプレゼンでは求められるのだ．

2-29 の写真ほど明確な表情を作るのを初心者には要求しないまでも，顔の表情が全く変化しないプレゼンは奇妙なのだと少なくとも理解すべきだろう．

以上の集大成として，次節では3分間プレゼン徹底訓練を実施する．そのために，**2-30** に示す練習を宿題として課すので，「原稿なし」3分間プレゼンの練習を十分に積んでほしい．

practice

　まず，(1)で指示するように，語勢・間合いとジェスチャーの徹底訓練でのチェックシート（**2-12**，**2-19**）の指摘事項の原稿箇所を修正しておくことが必要だろう．

　さらに，次節の3分間プレゼン徹底訓練では(2)に示すように，採点表で話の内容も10点満点で評価するので，聞き手の興味を喚起する内容になるまで推敲を重ねる必要がある．そのためには，第4章で解説しているように，3分間プレゼン原稿の作成事項として強調した自分の体験に基づいた具体的なエピソードと原稿全体のストーリー性を再度構築すべきだ．

　その後，(3)のように，鏡の前で，アイコンタクト，間合い，語勢，ジェスチャーをつけた3分間プレゼンを繰り返し練習しなさい．これらの演習を少なくとも，5回は実施して，次回の徹底訓練に臨んでほしい．

　また，独学による学習者も **2-30** で3分間プレゼンの練習が可能であるので，必ず訓練を積んでいただきたい．

2.7　3分間プレゼン徹底訓練

2-31 に3分間プレゼン徹底訓練の状況ならびに 2-32 にその実施方法を示す．写真のように，5～7名のグループになり，話し手だけが立ち上がり，アイコンタクト，間合い，語勢，ジェスチャーをつけて，「原稿なし」3分間プレゼンを実施する．話し手の左手の学生を司会者とする．

右手の計時係は「2分経過，2分30秒，45秒，3分経過，3分15秒……」と時間を読み上げ，さらに，プレゼン終了時間を全員へ伝える．

聞き手は 2-33 の3分間プレゼン採点表に各項目を10点満点で採点する．

ただし，プレゼン時間が2分45秒以下，3分15秒以上だと5点減点とせよ．なぜなら，プレゼンでは時間厳守であるからだ．

また，ムーブメントの実行と顔の表情の変化は必須条件ではないが，的確に実行したプレゼンには，その挑戦を高く評価し各5点を加点する．

採点後，プレゼンの良い点と悪い点を記入し，話し手へそれぞれ講評する．全員の講評が終了したら，採点結果を話し手へ手渡す．

以上の手順を司会者が適切に取り仕切らねばならない．司会が次の話し手となり，全員がプレゼンするまで，順繰りにこれらの役割を交代する．

2-31　3分間プレゼン徹底訓練の状況

3分プレゼン徹底訓練

■原稿なし3分間プレゼン：5～7名のWS
(1) 話し手は立ち上がる（左手が司会，右手が計時）
(2) 話し手は1人ずつにアイコンタクト，間合い，語勢，ジェスチャーを付けたプレゼン（可能ならばムーブメントと顔の表情も付ける）
(3) 計時係はプレゼン終了時間を全員へ通告する
(4) プレゼン終了後，聞き手は上記の各項目を3分間プレゼン採点表に10点満点で採点し，良い点と悪い点を1人ずつ話し手へ講評する
(5) 採点結果を話し手へ手渡す
(6) グループ内で役割交代（司会が次の話し手）

2-32　3分間プレゼン徹底訓練

3分間プレゼン〈採点表〉

学生番号 _____　　氏 名 _____

採点項目	点数と講評			
アイコンタクト	アイコンタクト頻度………	□適切	□普通	□なし
	アイコンタクト時間………	□適切	□普通	□なし
間合い	間合い………	□適切	□普通	□なし
語　勢	語勢の強調………	□適切	□普通	□弱い
ジェスチャー	ジェスチャー………	□適切	□少ない	□なし
話の内容	話の内容………	□面白い	□理解できた	□理解不能
ムーブメント	ムーブメント………………………		□あり	□なし
顔の表情	顔の表情………………………		□あり	□なし
プレゼン時間	＿＿分＿＿秒　減点A＝＿＿点　（±15秒以上以下は**5点減点**）			
プレゼン点数の計算	個　数　＿＿個　＿＿個　＿＿個 点　数　10点　5点　0点 個数×点数 ＝ ＿＿点 ＋ ＿＿点 ＝ **合計A** 合計A－減点A＝＿＿点 ×100／70＝＿＿点			
良い点				
悪い点				

合計点＝ ☐ 点／100点

2-33　3分間プレゼン〈採点表〉

2-34 は３分間プレゼン徹底訓練に対する受講者の感想である．これまでは，プレゼンテクニックのアイコンタクト，間合い，語勢，ジェスチャーなどを個別に訓練してきたのに対し，今回の３分間プレゼン徹底訓練では，それらを集大成し３分間のプレゼン中に披露しなければならないので，

３分間プレゼン徹底訓練の感想

（1）３分プレゼンのとき，いざ話そうとするとアイコンタクトやジェスチャーを忘れ，頭が真っ白なった．
（2）非言語的なものが印象にすごく影響しているのを改めて感じた．自分が話すときには気をつけたいと思います．
（3）アイコンタクトに加え，小細工がとても影響する．もっと，そういったテクニックを身につけたい．
（4）人前で話すのが苦手なので，大変でした．

2-34 ３分間プレゼン徹底訓練の感想

プレゼンテクニックを個別に表現することはできても，うまく組み合わせて表現するのは受講者にとって最初は非常に困難な実技となる．

それが感想（1）の「アイコンタクトとジェスチャーを忘れ」，（2）の「非言語的なものが印象にすごく影響している」，ならびに（3）の「アイコンタクトに加え，小細工がとても影響する」という感想で如実に表現されている．

一方（4）では，いまだに人前で話すことの苦手意識が払拭（ふっしょく）できない学生も存在している．その意識をもつ学生の一部は，**非対面型学生**である可能性が否定できない．

この非対面型学生の特徴は，自己に対して自意識過剰でしかもプライドが異常に高く，他人に対しては感情察知能力つまり相手の喜怒哀楽＝喜んでいるのか，怒っているのか，悲しんでいるのか，楽しんでいるのかが敏感には察知できない性格なのである．

さて，前回の３分間プレゼン徹底訓練では５～７名の比較的小人数の前でプレゼンを実施した．次は，そ

３分プレゼン試験準備 〈宿題〉

■次回の３分プレゼン試験の練習
（1）３分間プレゼン採点表で指摘された事項を改善するために，原稿内容を修正せよ
（2）鏡の前で，アイコンタクト，間合い，語勢，ジェスチャーでの指摘事項を改善するプレゼンを繰り返し，練習せよ
（3）ボイスレコーダーにプレゼンを録音し，その録音を聞きながら，語勢と間合いをチェックせよ
（4）以上の練習を５回実施

2-35 ３分間プレゼン試験準備〈宿題〉

の訓練成果を確認するために,全員の前で３分間プレゼン試験を実施する．評価方法としては前掲の３分間プレゼン採点表を用いるのは全く同じであるが,教壇など前に出て行うという点が異なる．試験のための準備として, 2-35 の宿題を課すので,奮励努力いただきたい．

> **practice**
> まず（1）の３分間プレゼン徹底訓練で指摘された事項を改善するために原稿を修正せよ．次に,今回の試験では,プレゼンテクニックのアイコンタクト,間合い,語勢,ジェスチャーを総合的に組み合わせて表現するのが求められているので,（2）のように鏡の前で演技訓練を実施いただきたい．
> さらに,語勢と間合いに関しては,プレゼン中には自覚できないので,（3）でボイスレコーダーに録音して,確認すれば良いだろう．以上の訓練を少なくとも５回は実施すべきだ．
> また,独学による学習者は３分間プレゼン試験を受けることはできないが, 2-35 でその練習は可能であるので,是非訓練を実施しなさい．

2.8　３分間プレゼン試験の実施

2-36 の３分間プレゼン試験の実施要領にしたがって,これから試験を実施する．完全にこの実施要項のとおりでなくても構わないが,是非,受講者全員の前でプレゼン試験を実施いただきたい．なぜなら,何度も強調しているように,プレゼン上達の極意は場数を踏むことであるからだ．特に大人数の前でのプレゼンは結果のいかんにかかわらず,つまり成功しても失敗しても,それは貴重な体験となる．

実施要領で注意すべきは,（4）と（5）のプレゼン時間の知らせ方である．２分30秒で第１鈴が鳴り,第２鈴の３分が鳴った段階で,速やかにプレゼンを終了させなければならない．採点表に明記しているように,２分45秒以下,また３分15秒以上の場合は,５

３分プレゼン試験の実施要領

■原稿なし３分間プレゼン
（1）胸に名札を付ける → 採点のため個人名確認
（2）教壇に上がり,最初に「氏名」を名乗る
（3）プレゼンテーション開始（計時開始）
（4）２分30秒で「ベル」が鳴る（第１鈴）
（5）３分00秒で第２鈴 → 速やかに終了
（6）教員からの質疑応答と講評

◎後ほど,採点表（合計点,良い点,悪い点）を渡す予定

2-36　３分間プレゼン試験の実施要領

点減点とする．では，これから3分間プレゼン試験を実施しよう．

● ● ●

今回の試験と前回の3分間プレゼン徹底訓練とで大きく違うのは，**発表者の緊張度**である．2-37 に，試験後に調査したその緊張度の割合を示す．大多数の受講者は，大人数の前でのプレゼン経験がないので，それを重圧として感じていたようだ．

■3分プレゼン試験の緊張と解消法

緊張度	はい← 4	3	2	→いいえ 1
割合	70%	23%	7%	0%

◇学生の緊張
・緊張して何がなんだかわからなくなった．
・頭が真っ白にならない方法はありませんか？
◎緊張の解消法
・場慣れと褒められて自信をもつこと

2-37 3分間プレゼン試験の緊張と解消法

最大の緊張度4であると70%が自覚し，2段階目の緊張度の割合23%を含むと，93%もの受講者が尋常でない緊張を経験したのがわかる．これだけでも，3分間プレゼン試験は貴重な体験であったと確言できる．

図中のコメントにも記述されているように，受講者は緊張のため**頭が真っ白になる状況**を解消したいと心底願っている．もっとも，今回のような大人数の前で極度の緊張を実体験させ，事後に冷静な自己分析をするならば意外に大したことではないと認識できるだろう．これが解消法の1つである場数を踏むことによる「**プレゼン場慣れ**」だ．

ただし，この解消法に成功するのは，著者のこれまでの教育経験ではせいぜい3割程度でしかない．残りの7割は，場慣れだけではなかなか過度の緊張度から脱却できない．そこで，2つ目の解消法を紹介しよう．

その解消法とは，「**褒められ法**」である．人は，他人から褒められることで成長する．これが人材育成の要(かなめ)である．受講者は，指摘された採点表の良い点を何度も読み返し，自分のプレゼンに「こういう良い点があるのだ」と自信をもつべきだ．

また，採点者は3分間プレゼン試験では悪い点だけでなく，必ず良い点を明記し，それを本人へ口頭でも褒めてやっていただきたい．そうすることで，プレゼン力が格段と伸張するのである．

3分間プレゼン試験の感想

（1）手足が冷たくなって，前に立っているとき震えていた．プレゼンそのものは楽しかった．
（2）自分が体験したことは，緊張していても頭が真っ白にはならないと実感できた．実体験を踏まえながら，発表にいかしたいと強く思った．
（3）原稿を覚えて読むプレゼンをしてしまいました．
（4）聴衆を見ていると，自分の話が面白くないことがよくわかり，全員を引きつける話が必要だと思った．
（5）笑顔で楽しいそうに話すことが大事だと感じた．

図2-38 3分間プレゼン試験の感想

図2-38に，3分間プレゼン試験の感想をまとめている．感想（1）には，プレゼンで緊張したことの意見が非常に多かったので，その代表として提示している．（2）と（4）は話の内容についての感想であり，（2）の実体験の話だと緊張しないこと，（4）では聞き手を引きつけるのは話の内容であるとの認識が述べられている．

本書では繰り返し強調しているように，話す内容は体験に基づいた**エピソード**とし，さらに話の構成として**ストーリー性**をもたせることが不可欠である．これに関しては，第4章で詳述しているので，必ず熟読いただきたい．

感想の（3）は記憶力が優れている受講者によくみられる現象である．紙媒体の原稿は手に持っていないが，原稿が脳の記憶媒体に完璧に格納されていて，その原稿文章を脳の中で読み上げることに専念している．その結果，プレゼンテクニックを表現できず，非常に平板でアピール力が欠落したプレゼンになることが聞き手の反応から理解できたのであろう．

最後の（5）はプレゼンにおいても感情表現が不可欠であること，特に「笑顔」でのプレゼンが重要だと認識できたとの感想である．喜怒哀楽をプレゼン中に表現するのは，至難の業であるけれど，感情表現は説得力とアピール力を強化するテクニックであるので，訓練いただきたい．

2.9　良いプレゼン例の紹介

3分間プレゼン試験では受講者によって良いプレゼン＝個性的なプレゼンテクニックが多く披露されていた．図2-39の各項目を具体的に紹介しよう．

良いプレゼン例（1）の**マイク離し間合い法**を図2-40に示す．マイクを口元から離す動作は，カラオケの間奏のときに多くの人が実行しているだろう．この動作をプレゼン中の間合いのときに，繰り返すのである．

2.9 良いプレゼン例の紹介

マイク離し間合い法は間合いの可視化に相当し，耳で聞くと同時に目でも明確に間合いを識別できるので，間合いの効果が非常に増幅される手法となる．

当然，間合いの長さは通常よりも長くなりやすい傾向があるものの，物理的にマイクを離すのを視覚で認識するため意外と奇異には感じない．間合いが苦手な場合は，マイク離し間合い法を1度試すと良い．

2-41 に良いプレゼン例（2）の**自然体ジェスチャー**を示す．この受講者は，3分間の短い時間の中で，マイクを左手から右手に2度ほど持ち替え，さらに空いた手を広げたり，円を描くように回したりと自然にジェスチャーが繰り出されていて，ジェスチャー表現力に卓越していた．本人へ「なぜ，そのようにジェスチャーが自然に出るのか？」と質問すると，「小さいときからいつの間にか体得していた」とのことである．

◎良いプレゼン例の紹介
（1）マイク離し間合い法
（2）自然体ジェスチャー
（3）質問投げかけ法
（4）プレゼン題目法
（5）笑いの取れるプレゼン
（6）熱弁型ムーブメント
（7）演劇型プレゼン
（8）自分の個性に合ったプレゼン

2-39 良いプレゼン例の紹介

■マイク離し間合い法

2-40 マイク離し間合い法

■自然体ジェスチャー

2-41 自然体ジェスチャー

彼の自然体ジェスチャーを見ていると，意味もなく手を動かしていても全く奇妙とは感じない．つまり，ジェスチャーが苦手な読者はひとまずジェスチャーに意味をもたせることは考えず，ただ単に適当に手を動かしてみることを勧める．

　良いプレゼン例（3）の**質問投げかけ法**では，プレゼン中に「あなたはどう思いますか？」と質問を投げかけるのである．質問が聞き手に投げかけられると，当然，聞き手はその質問に対し答えを思索し，その結果，話し手のプレゼン世界へ引き込まれる．要するに，質問投げかけ法は，プレゼン内容を深く理解させる手法で，教員が常用する手段だが，効果は高いので是非，実践いただきたい．

　良いプレゼン例（4）の**プレゼン題目法**では，話の題目をキーワードや短い文章で発言する方法である．当然，映画やTVドラマではそのタイトルが必ず画面に出てくる．同様に，第3章の学術講演会では発表論文のタイトルを司会が聴講者へ口頭でアナウンスし，さらに発表者もスライド冒頭にタイトルを提示して，講演を開始するのが一般的だ．

　それに対し，3分間プレゼンなどの短いスピーチでは，タイトルなしで話し始めるのが大多数だろう．このプレゼン題目を語る手法は珍しい手法だという意味で，聞き手には斬新だと感じられる．ただし，プレゼン開始の冒頭に題目を宣言するのではなく，イントロを話し終えて，聞き手の準備が整った段階で，「今日は『希望を求めて』と題して，プレゼンしたいと思います」のように，プレゼン題目を告げるのである．このプレゼン題目法はプレゼン内容を聞き手に強く印象付ける手法であり，またタイトルを口頭で伝えるのに数秒もかからず，極めて簡単に実施できるので，1度試していただきたい．

　良いプレゼン例（5）の**笑いの取れるプレゼン**を実行するには意外と難しい．プレゼン内容が滑稽，ユーモア，冗談など，笑いのレベルはそれぞれ異なっていても，プレゼン中に聞き手から笑い声が聞こえるプレゼンは良いプレゼンである．このプレゼンを実行するには，話し手のプレゼン内容に笑いを誘うエッセンスをいかに組み込むかというストーリー作成能力にかかっている．したがって，初心者が即座に真似できる手法ではないが，落語や漫才などの笑いの極意を研究し，笑いの取れるプレゼンが実行できるようになっていただきたい．

　良いプレゼン例（6）の**熱弁型ムーブメント**は，前掲の 2-25 のムーブメントを適用したプレゼン法である．実行した受講者は，まさに熊が檻の中を行ったり来たりと往復している状態で3分間プレゼンを実施していた．そのときの話しぶ

りが檄(げき)を飛ばすような熱弁で，その熱弁とムーブメントとあいまって，プレゼンの説得力が非常に高まってくる．熱弁型ムーブメントでは，アイコンタクトをしっかりと聴衆へ向けている状態を維持しながら，左右に移動するのだ．意外とこの方法は説得力とアピール力の高いプレゼン法であるので，少し高度なプレゼンテクニックであるが，意欲ある者は挑戦してみなさい．

　良いプレゼン例（7）の**演劇型プレゼン**とは，プレゼン中に独り芝居を演じるタイプのプレゼンである．落語型と言っても良いかもしれない．この演劇型プレゼンでは，複数の登場人物が出てきて，それぞれ言葉を掛け合いながらストーリーが展開するドラマ仕立てとなっている．話の内容が全くつまらないときは，白けた独り芝居になるが，内容が面白ければ独創的なプレゼンとなることは確実だ．演劇を研究した上での挑戦を勧める．

　良いプレゼン例（8）の**自分の個性に合ったプレゼン**は，プレゼンの心構えとして知っておくべきだ．暗くて内向的で消極的な個性の学生がいたとして，その学生が就活の面接官の質問に対し，その暗くて内向的で消極的な個性を全く装飾もせずにそのままの個性で応答していたら，内定決定は多分おぼつかないだろう．

　そうかといって，自分とは全く正反対の明るくて外向的で積極的な個性の人間が実践しているプレゼン方法を真似(まね)しても決してうまくいかない．つまり，自分の個性に合致しない話しぶりを実行して訓練することは無駄な努力なのである．ちなみに，暗くて内向的で消極的な個性ならば，それを少しカモフラージュして，落ち着いた物静かな雰囲気の話しぶり，当然，雄弁ではないものの噛(か)みしめるような力強い話しぶりなどが似合うだろう．要するに，プレゼン力を高めるためには，自分の個性に合致した話しぶりをいかに早く見つけて，体得するかが肝要である．

　例えば，2-42の明朗闊(かっ)達で好奇心旺盛な個性の学生は，その個性にマッチした雄弁饒舌(じょうぜつ)で話のテンポ

2-42 自分の個性に合ったプレゼン

は速く，次からつぎへと話題が奔出し，聞き手を飽きさせないエクセレントなプレゼンを実行していた．

プレゼンに上達するための近道は，このように自分の個性を熟知し，その個性を活かすプレゼン方法をいかに獲得するかにかかっている．

2.10 悪いプレゼン例の紹介

ここでは，多くの初心者が知らずしらずのうちに実行してしまう悪いプレゼンを紹介するので，他山の石としていただきたい．

2-43 に悪いプレゼン例を示す．悪いプレゼン例（1）は，**クセ言葉**「あ〜，え〜，なんか，本当に」である．プレゼン上達者でも，このクセ言葉は思わず口から出てしまう．「自分にはこのようなクセ言葉はない」と自信をもっている読者も，是非，3分間プレゼンをボイスレコーダーに録音し，確認してほしい．10人中9人がクセ言葉を発している．

それに対し，テレビのアナウンサーはさすがにクセ言葉を出していない．ニュース番組のアナウンサーは，目の前のモニターに映っているニュース原稿を読み上げているにすぎないため参考にならないが，大事件や緊急事態が発生したときに解説者と一緒に報道しているアナウンサーは原稿がないにもかかわらず，クセ言葉を決して出さない．これが，クセ言葉の排除訓練の成果である．

クセ言葉の排除法を紹介しよう．当然，プレゼン原稿にはクセ言葉はないはずだが，プレゼンを開始すると，大多数は体に染みついた習性でクセ言葉が出てしまう．したがって，まず自分のクセ言葉が何であるかをボイスレコーダーで確認する．

次に，プレゼン練習を開始し，その習性となっているクセ言葉が出そうになったときに，そのクセ言葉の飲み込む訓練をする．この訓練法を文章で表現するには非常に難しいので理解し

×悪いプレゼン例の紹介
（1）クセ言葉＝あ〜，え〜，なんか，本当に
（2）両手マイク
（3）語尾語勢の強調＝なので，とか，〜で
（4）目の空中遊泳
（5）暗記原稿の棒読み
（6）発表時間の逸脱
（7）絶　句

2-43 悪いプレゼン例の紹介

2.10 悪いプレゼン例の紹介

がたいかもしれないが，例えば「あ～」というクセ言葉が出てしまう場合で紹介しよう．

プレゼン練習で，「あ～」と言いそうになったときに，喉元（のどもと）まで出かかっているその言葉「あ～」を声帯直前で止めて，飲み込み，発音しない訓練を繰り返すのである．クセ言葉を飲み込んだときに，若干長い間合いが生じてしまうが，その間合いは後日修正するとして，ここではクセ言葉を飲み込む練習を徹底的に繰り返すことが肝要となる．

初心者は，このクセ言葉の排除訓練法をプレゼン機会のたびに繰り返し訓練すれば，いつの間にかクセ言葉がプレゼン中に発声しないようになる．是非，訓練いただきたい．

2-44 に，悪いプレゼン例 (2) の**両手マイク**を著者がモデルになって演じた写真を示す．両手マイクが悪いプレゼンである理由は，両手が塞（ふさ）がるので，ジェスチャーが繰り出せなくなると同時に，体がこわばって動きが鈍くなるからだ．

一方，話し手が両手マイクをしてしまう原因は，緊張のあまり，手と足が震えるので，足の震えは床を踏ん張ることで我慢し，手のほうはマイクを両手で握りしめることで震えをごまかそうとするためである．

この両手マイク状態の話し手の状況としては写真のように体が硬直し，顔も自信のなさが如実に読み取れる表情となり，見るからに典型的な悪いプレゼンとなってしまう．両手マイクの防止法は，まず両手マイクが悪いプレゼンであることを的確に自覚し，さらに自分のプレゼンに自信をもつことが必要となる．

この自信をもつことが意外と難しい．本書では，そのためにプレゼンの徹底訓練を繰り返しているのである．プレゼンに対し自信がもてず，不安に落ち込んでいる読者は自信回復を実現させるために，本書の徹底訓練法を真剣に取り組んでいただきたい．

悪いプレゼン例 (3) の

2-44 両手マイク

×目の空中遊泳

2-45 目の空中遊泳

語尾語勢の強調とは，プレゼン中に言葉の語尾「なので，とか，で〜」を特別に強く発音し，またその語尾を妙に伸ばしてしまう話し方である．この語尾語勢が強調されたプレゼンは，訓練不足の幼稚で未熟な印象を与えてしまう．

　この語尾語勢の強調は前述のクセ言葉に似ているのであるが，大きく違うのは，このような話し方が悪いプレゼンであるのを本人は自覚していないので始末がよくない．本人が気づかないのであるから，プレゼン練習の聞き手から指摘を受けるか，ボイスレコーダーに録音したプレゼン音声を友人や家族に聞いてもらって，言葉の語尾が妙に強調されていたり，伸ばされていないかを確認してもらうしかない．是正方法はクセ言葉と同じで，これらの語尾言葉が出てきたときに，意識して強く発音しない，伸ばした発音をしない訓練を繰り返すことになる．

　2-45 に悪いプレゼン例（4）の**目の空中遊泳**を示す．写真からわかるように，とぼけた表情で，アイコンタクトはなく，視点も定まらず，目が空中を漂っている状態を再現している．

　目の空中遊泳を頻発した複数の受講者にその理由を確認したところ，次の3つが主な理由であった．

　1つ目は脳に暗記している原稿文章を思い出すためのポーズがこの目の空中遊泳となったという理由，2つ目は聞き手の顔を見ると上がってしまうため虚空の1点を凝視していたとの理由，3つ目はプレゼン後に教員から質問されたときに回答に苦慮したのでという理由である．

　対策は明白だ．1つ目は後述のように原稿暗記をやめること，2つ目はプレゼンに自信をもつこと，3つ目は質疑応答では質問者へ的確なアイコンタクトを送ることである．

　悪いプレゼン例（5）の**暗記原稿の棒読み**は，頭脳明晰で記憶力の抜群な秀才

タイプが陥りやすい盲点である．秀才タイプの学生は原稿文章を一字一句暗記しようと精励努力し，その結果，本当に暗記してしまう．すると，プレゼンではその原稿用紙が頭の中に出てきて，原稿を読んでいるような話しぶりとなる．いわゆる，ロボットプレゼンである．結局，原稿暗記の努力のかいもなく，説得力とアピール力の欠落したプレゼンとなってしまう．

この暗記原稿の棒読みへの解決策は，非常に困難だ．なぜなら，本人は努力家で真面目な訓練の繰り返しにより，良いことだとの自覚のもとで原稿を暗記したのに，解決策はその努力を否定してしまうからである．

まず，間違った努力の仕方をしているとの認識が必要となる．プレゼン力が上がらないような努力は，無駄な努力なのだ．したがって，暗記よりも，本書で強調しているアイコンタクト，間合い，語勢強調などの非言語的コミュニケーションテクニックの訓練にもっと時間を割くべきである．

要するにプレゼンでは原稿を暗記するのではなく，ストーリー展開を的確に理解し，そのストーリー展開の中で聞き手の理解度を把握し，プレゼン内容を適宜微調整しながらプレゼンすべきだ．現段階では，これは非常に高度で実現困難な要求に感じられるかもしれないが，プレゼン上達者の最終形としてはこのようなプレゼンが理想である．

悪いプレゼン例（6）の**発表時間の逸脱**は厳禁である．長すぎても短すぎてもいけない．本章の3分間プレゼンでも，2分45秒～3分15秒の間にプレゼン時間を納めるように訓練させている．学会などで，発表時間を数分過ぎても平気でプレゼンを続けている厚顔無恥な発表者をときどき見かける．

発表時間を厳守するのはプレゼンの最低限のルールであり，それは質疑応答の時間を的確に確保するためでもある．発表時間が過ぎた時点で，私が座長のときは立ち上がり，発表者の発言を遮って終了を速やかに宣言する．この場合は，発表者は恥をかくことになる．

発表時間の逸脱防止への対策は次の2つある．1つは原稿量の調整である．すなわち，発表原稿はよどみなくプレゼンできるとの想定で作成されているが，実際のプレゼンでは聞き手の理解度の悪い箇所は重複して説明することもあり，当然，プレゼンに慣れていなければ言葉が詰まったりもする．

これらのことを前提にして，発表時間に**プレゼン比率**（＝原稿を見ながら読み通したときの時間÷同じ原稿をもとに実際に発表したときの時間）をかけて，短

めに原稿を作成するのである．例えば，自分のプレゼン比率が90%ならば，15分発表の場合，15分×90%＝13.5分となり，13.5分で読み通せる原稿量を作成すると良い．

他の方法は，もっと簡単だ．発表時間の終了ベルが鳴った段階で，まだプレゼン途中であっても，さらに重要なことをまだ発表していなくても，「以上で発表を終わります」と宣言して，プレゼンを終了する．この方法は非常にエレガントで是非，推奨したい．

悪いプレゼン例（7）は**絶句**である．絶句は緊張のために，プレゼンすべき内容が真っ白になってしまう現象で，初心者のプレゼンでは頻発している．この体験がない受講者はただ単に運が良いだけで，近い将来必ず1度は体験するだろう．

体験すれば，絶句は面目ない恥ずかしい事態であることがよくわかる．そのためにも対策を知っておくことが必要だ．絶句体験者の大多数がプレゼンに備えて原稿を暗記しており，その暗記原稿が思い出せなくなることで発生している．そこで，原稿暗記をやめることを勧める．

「場数を踏めば慣れる」ので何もしないことも1つの対策だろう．恥をかいたといっても命までは取られないので，大したことではないと達観するのだ．これが絶句回避の近道だろう．

もっとも，ろくに訓練もせずに「大したことではない」と高をくくっていると，重要プレゼンで大失敗をやらかすことにもなるので，十分な訓練を経た上で，達観すべきだ．

3 プレゼン上級編
学術講演会におけるプレゼン上達の極意

3.1 プレゼンの種類

3-1 にプレゼンの種類を示す．ただし，ゼミでのミニプレゼンなど特に内輪のものは省略し，オフィシャルなプレゼンだけを分類している．

①の**卒業論文発表会**は，大学高専の最終学年において研究した卒業論文を発表するものである．②の**学位論文公聴会**は修士課程あるいは博士課程の研究成果の発表会であり，講演時間は卒業論文発表会よりも一般的に長い．

③の**学術講演会**は大学高専あるいは企業における研究成果を学会で発表するものである．発表時間は意外と短く，10〜15分程度あるが，聴衆の専門性は極めて高いため，質疑応答では研究内容の弱点や不備を突いた鋭い質問を浴びせられ，発表者にとっては最も過酷なプレゼンとなる．

プレゼンの種類

講演会の名称	講演時間	専門性
①卒業論文発表会	10〜15分	△
②学位論文公聴会	20〜60分	○
③学術講演会	10〜15分	◎
④企業の研究報告会	15〜30分	△
⑤特別・招待講演会	60〜90分	△
⑥講習会（セミナー）	60〜120分	×

3-1 プレゼンの種類

④の**企業の研究報告会**では，1年間に2度，3度と定期的に開催されるもので，研究開発本部長や社長が臨席し，研究者の業務成果が発表され，それに対し研究費配分と人事考査ならびに企業の将来像が決定される場でもある．

⑤の**特別・招待講演会**ならびに⑥の**講習会（セミナー）**の講師は分野の第一人者が任命されるものであり，本書の読者対象者はいまのところ該当しない．

学生と若手の研究者にとって，上記の①〜④が避けては通れないプレゼンとなるだろう．その中の①卒業論文発表会は部外者を交えない大学高専の内部で実施されるもので，将来の企業研究者になるためのプレゼン練習を兼ねている．②学

位論文公聴会は卒業論文発表会よりも発表時間は長く,その専門性も高いものの,質的には同等である.

それに対し,④企業の研究報告会では発表者の研究能力とプレゼン力が厳しく評価されるという意味では大きなプレッシャーのかかるプレゼンとなる.さらに③学術講演会では前述のように侃侃諤諤の質疑応答で研究内容が厳密に吟味される.万一,お粗末な研究内容を発表しようものなら,座長と質問者によって容赦ない詰問と間違い指摘が浴びせられる.

以上の観点から,最も過酷な③の学術講演会で確実なプレゼンと質疑応答を遂行できたならば,その他のプレゼンにおいても問題なく実行できることは間違いない.そこで,本章では③の学術講演会におけるプレゼン上達の極意を詳解する.

3.2　学術講演会のスケジュールと講演の手順

3-2 に学術講演会に出席して,講演を実施するまでのスケジュールを示す.①の学術講演の申し込みは,インターネット経由で学会 Web サイトから申し込むのが一般的だろう.

申し込みを受けた学会事務局では,講演内容が学会の範疇に含まれるものか,企業の宣伝になっていないかなどを審議し,大多数の申し込みは採択される.それが,②の講演の採択可否の連絡である.

講演採択可の段階で,**講演論文の提出期限**が決定されているので,その期日までに③の講演論文を作成して提出することになる.その後,④において講演論文に掲載した図表ならびに補足するための図表からスライドを作成し,さらにその図表の順番にしたがってプレゼン原稿を作成する.

⑤の**講演練習**に関しては,3.3 節「学術講演会におけるプレゼン上達の極意」を参照の上,⑥の当日の講演に臨んでいただきたい.

講演までのスケジュール

手続き	準備
①学術講演の申し込み	4〜6 か月前
②講演の採択可否の連絡	3〜4 か月前
③講演論文作成 → 提出	2〜3 か月前
④スライド・原稿作成	1〜2 か月前
⑤講演練習	前日〜3 週間前
⑥学術講演会での講演	当　日

3-2 講演までのスケジュール

3-3 が学術講演会当日の講演手順である．まず，①の受付で参加登録を行い，また事前送付でないかぎり，その受付で講演論文集を受け取る．次に②自分の講演セッションの前に会場を必ず下見しておくべきだ．下見では，会場の大きさとマイク設備の有無，照明の状況などを確認する．

学術講演の手順
① 受付で参加登録
② 講演会場の下見
　　（会場の大きさ，マイク，照明など）
③ 講演会場の座長へ挨拶
④ パソコンの接続（スライドの準備）
⑤ 講　演
　　座長による講演者と講演題目の紹介
　　講　演
　　質疑応答

3-3　学術講演の手順

　一番重要なのが，③の**座長への挨拶**である．なぜなら，座長がセッション内の講演すべてを取り仕切る役目を担っていて，発表者はその座長に対して後述のようなお世話をいただくことになるので，礼儀としても座長への挨拶は不可欠だ．挨拶のときに，マイク設備や照明の不明な点や改善をお願いすることも可能である．

　次にプロジェクターにパソコンの接続を実施することになるのだが，セッションの開始時に全講演者の**パソコン接続**が可能な場合と，講演ごとにパソコンを接続し直す場合とがあり，アルバイト学生が計時係になっているので，その学生あるいは座長にパソコン接続のタイミングと機器状況を確認しておく必要がある．

　それらがすべて完了した段階で，自分の講演順番になるまで，会場で待機し，座長から指名された段階で，⑤の**講演**を実施することになる．

　3-4 が座長による講演者と講演題目の紹介状況である．写真の左端に立っているのが座長であり，この座長が講演者と講演題目を

3-4　座長による講演者と講演題目の紹介

紹介し始めると速やかに講演者は会場の前に進み出て，演台の前に立たねばならない．

このとき，10人中9人の講演者は手ぶらで演台へ進み出てしまう．これは大きな間違いだ．後ほど詳細に解説するが，たとえば質疑応答で講演論文集の図を質問されたとき，講演者が講演論文集を手元に持っていないため，立ち往生しているのをよく見かける．

3-5 は講演時に演台へ持参すべきものである．**講演論文集**のほか**指示棒**あるいは**レーザーポインター**は使い慣れた自分のものを持参すべきだ．特に，レーザーポインターが会場にすでに用意されていたとしても，ボタンが複数ついているレーザーポインターの場合，使用方法に熟達していないと，スライドへの指し示しのときにトラブルが発生する可能性が大きい．**メモ用紙**と**筆記用具**も持参すべきである．1人の質問者が2つの質問をしたときに，メモしないかぎり，必ず2つ目の質問は忘れてしまうだろう．

3-6 に**講演状況**を示す．良い講演の方法は次節で詳述しているが，とりあえず講演時には写真のように適切なアイコンタクトが不可欠であることだけは明言できる．

また，会場では計時係が講演時間をベルで知らせている．例えば，15分講演，5分質疑応答の場合，12分

■ 講演時に演台へ持参する物

（1）講演論文集
（2）指示棒あるいはレーザーポインター
（3）メモ用紙
（4）筆記用具
（5）その他，必要ならば回覧物

3-5 講演時に演台へ持参すべきもの

3-6 講演

で第1ベル，15分で第2ベルを鳴らして講演時間の終了を告げ，質疑応答の5分間が終了して時点で最終ベルを鳴らすのが一般的である．

講演者がとりわけ厳守すべきことは，講演終了の15分経過ベルが鳴った段階で，速やかに結論を提示して，講演を終了すべきことだ．ときどき，講演時間が過ぎて1分も2分も平気で講演を続けている者がいるが，貴重な質疑応答の時間を食いつぶしているとの自覚が欠落しているのだろう．

3-7 に質疑応答の状況を示す．講演が終了した段階で，座長が立ち上がって，「ただいまの講演に対し，質問，コメントがありましたら，挙手をお願いします」と会場参加者に向かって呼びかけることで，質疑応答が開始される．

質問者は講演内容について質問するとき，質問対象のスライドを質問者が覚えている場合，例えば「5枚目のスライドをもう1度見せてください．そのスライドで……（質問）……」と言いながら質問するだろう．

一方，スライドと同じ図表が講演論文集に掲載されているときは，「講演論文集の図5において，……（質問）……」と質問されることになる．このとき講演論文集を持参せずに講演していると，指摘されている図面がどの図面なのかがわからないという失態を演じてしまう．

次に質疑応答で注意すべき点は，質問内容を必ず復唱することである．例を挙げると，「図●において，○○○○が増加した場合，△△△△が減少する変化の原因が良くわからないのですが……」との質問に対し，「貴重なご質問，ありがとうございます．ご質問は，図●で○○○○の増加に対し，△△△△が減少する変化を引き起こしている原因＝メカニズムは何であるかとお尋ねになられているものと判断します．この原因は……（質問への回答）……」と質問を復唱しながら，回答するのが良い方法だ．

復唱することで，質問者に質問内容が間違いないかを確認いただくと同時に，

3-7 質疑応答

会場の他の聴衆にも質問内容を確実に把握させることが可能となり，その結果，講演自体の理解度が向上する．

重要なので繰り返しになるが，質問内容をメモすることは不可欠である．質問を忘れてしまうのはほとんどの場合，立て続けに2つの質問を1人の質問者からされたときに発生する．メモを取っていないかぎり，1つ目の質問に回答した後，必ず「2つ目の質問は何でしたでしょうか？」と質問内容を聞き直してしまうこと必定だ．

メモを取っていると，「まず，1つ目のご質問の○○○○についてお答えいたします．……（1つ目の質問への回答）……．次に2つ目のご質問の△△△△に関しては，……（2つ目の質問への回答）……です」と的確に回答することができる．是非，質問はメモしていただきたい．

3.3　学術講演会におけるプレゼン上達の極意

学術講演における良いプレゼンとしては，第1章と第2章での徹底訓練内容の実践がまず不可欠である．**3-8**にその条件を再録する．学術講演における良いプレゼンとは，プレゼン初級編で訓練したアイコンタクトの実施と話すスピードのコントロールがまず最低限必要である．さらに，プレゼン中級編における訓練項目のジェスチャー，間合い，語勢強調，ムーブメント，声量を適切に実行することが求められる．

◎学術講演における良いプレゼン①
＜プレゼン初級編＞
（1）アイコンタクトを適切に送る
（2）話すスピードのコントロール
＜プレゼン中級編＞
（3）ジェスチャーを交える
（4）間合いを適切に設ける
（5）語勢の強調を適宜付ける
（6）ムーブメントを付ける
（7）十分な大きさの声量

3-8　学術講演会における良い講演①

例えば，学術講演においても**3-9**のようにジェスチャーをつけて講演するならば，エクセレントなプレゼンになるのは写真からも一目瞭然だろう．要するに，学術講演であってもプレゼンの基本は変わらないということだ．まずは，初級編と中級編で訓練した**基本を忠実に実行**していただきたい．

ただし，学術講演ではスクリーンに投影したスライドを指し示しながら，プレ

3.3 学術講演会におけるプレゼン上達の極意　71

ゼンを実行し，さらに講演終了後に質疑応答がなされる．この学術講演ならではの**講演スタイル**に対して，当然，プレゼン上達の極意が存在している．それを 3-10 に示す．

本章のプレゼン上級編では，(8) のスクリーンへの適切な指し示し方法として，パソコンカーソル，レーザーポインター，指示棒，ハンドフィンガーの4種類を紹介する．この4種類のメリットとデメリットを熟知して，実践すべきだ．さらに (9) の質疑応答における悪い例を紹介するので，是非，他山の石とすべきである．

3-11 にパソコンカーソルでスクリーンのスライドを指し示すときのメリットとデメリットを示す．パソコンカーソルとはマウスで移動させる矢印形のカーソルのことである．

メリットは図示のとおり2項目を指摘できるが，注意すべきはデメリットが多いということだ．デメリッ

◎ジェスチャー付きの講演

3-9　ジェスチャー付きの講演

◎学術講演おける良いプレゼン②
＜プレゼン上級編〜プレゼン上達の極意〜＞

(8) スクリーンへの適切な指し示し方法
　　　パソコンカーソル
　　　レーザーポインター
　　　指示棒
　　　ハンドフィンガー

(9) 悪い質疑応答での回答例

3-10　学術講演会における良い講演②

■パソコンカーソルの
　　　メリットとデメリット

＜メリット＞
①持参忘れがない
②スクリーンのどこでも指し示すことができる

＜デメリット＞
①パソコンを常時覗（のぞ）き込んでの操作が必要
②聞き手の理解度把握が難しい
③カーソルが止まると，どこにあるかがわからない
④カーソルの細かな動きのコントロールが難しい

3-11　パソコンカーソルでの指し示し

図3-12 パソコンのぞき込み

```
■レーザーポインターの
     メリットとデメリット
＜メリット＞
 ①離れたところから指し示すことができる
 ②指示棒では届かない大スクリーンでも使用可能
＜デメリット＞
 ①スポット径が小さいので見つけにくい
 ②スポットがふらつく → 1点への固定困難
 ③ポインター移動速度が速すぎるので追跡しにくい
 ④聞き手の目に入る恐怖を感じる
```

図3-13 レーザーポインターでの指し示し

トの③と④も無視できないものの，特段の欠点は①と②である．

欠点①のパソコンのぞき込み状況を 3-12 に示す．パソコンカーソルでスクリーンのスライドを指示する場合，パソコンを常時のぞき込むこととなる．その結果，聞き手へのアイコンタクトも取れず，さらに聞き手の理解度も当然把握できない．

アイコンタクトの実施と聞き手の理解度把握は本書の初級編で強調したプレゼンの基本である．著者としてはこれらが実行できないパソコンカーソルによるスクリーンへの指示方法は推奨しない．

3-13 にレーザーポインターのメリットとデメリットを示す．メリットの①と②はレーザーポインターの最大の利点である．したがって，デメリットの①〜④の影響を低減した状態で使用すべきだ．

①に関しては，大きなリング形状で表示できるレーザーポインターが市販されている．

②と③については訓練の必要があるだろう．④に関しては，レーザー光が目に入っても医学的には網膜損傷は発生しないように製作されているものの，レーザーを発光させた状態で観衆へ向かって振り回されると条件反射的に思わず首をすくめてしまうのも事実だ．

レーザーポインターの使用で厳禁なのは，スクリーンに手が届く位置からの使

用である．3-14 ではスクリーンの前に立っているにもかかわらず，レーザーポインターで指し示している．また，3-15 は指示棒だとスクリーンへ届く演台の位置からレーザーポインターを使用している．写真からわかるように，近すぎるレーザーポインターの使用は体裁が極めて悪い．

3-16 に示す**指示棒**のメリットとデメリットから理解できるように，指示棒はレーザーポインターよりもスクリーンの指示法としては適している．

スポットが見つけにくく，さらにふらついて固定できないというレーザーポインターの最大のデメリットが，指示棒を使用したときには発生しない．したがって，指示棒のデメリットである講演者とスクリーンとが物理的に離れていて指示棒で指し示すことができない講演以外では，指示棒の使用を推奨する．

3-17 に指示棒の正しい使い方を紹介している．

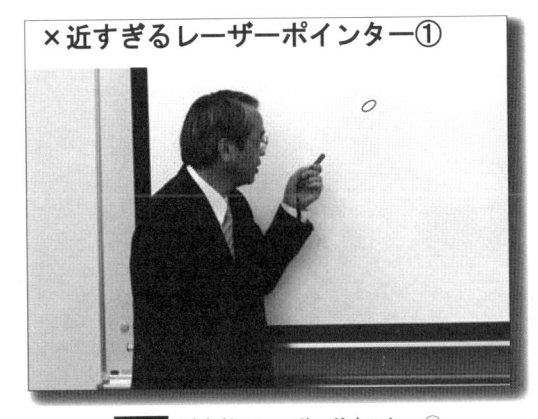

3-14 近すぎるレーザーポインター①

3-15 近すぎるレーザーポインター②

■**指示棒のメリットとデメリット**
＜メリット＞
①指示棒先端が明確にわかる
②指示棒先端がふらつかない
③指示棒先端の移動速度をコントロールできるので，グラフの変化を適切に指し示すことができる
＜デメリット＞
①離れたところから指し示すことはできない

3-16 指示棒のメリットとデメリット

◎指示棒の正しい使い方

3-17 指示棒の正しい使い方

×指示棒の逆手

3-18 指示棒の逆手

×スクリーンとの見合い

3-19 スクリーンとの見合い

指示棒でスクリーンを指し示すときはスクリーンを見なければならないが，その後は写真のように聞き手へアイコンタクトを送りながら，プレゼンすべきだ．

また，指示棒を持つ手はスクリーンへの指示位置が左のときは左手，指示位置が右のときは右手で持つべきである．聞き手へ背中を見せてしまう逆手は**厳禁**である．

3-18 の写真のように，**指示棒の逆手つかみでは**，いくら聞き手へアイコンタクトを送っていても，全観衆を見渡すことはできず，体が狭まって小さく見えてしまうのがよくわかる．

学術講演でしばしば見受けられるのが，**3-19** の**スクリーンとの見合い**である．特に，図表を説明するとき，説明に力が入るあまり，スクリーンとの見合い状態となり，説得すべき会場の観衆を見ずに，スクリーンを説得してしまう．

このスクリーンとの見合い現象は初心者の多くが実

際に行ってしまう失敗例だろう．

聞き手が「スクリーンと見合いになっているから，スクリーンばかり見てはいけない」と口頭でいくら注意しても，なかなか直らない．完璧に直す方法を 3-20 に示す．発表者へ「君の背中をスクリーンに張り付けてみなさい」と言えば，写真のように状況を実体験させることができる．

スクリーンに背中を張り付けると，指示棒でスクリーンを指すときにはスクリーンを見ることになるが，それ以外ではスクリーンに張り付いているので物理的にスクリーンを見ることは困難となり，写真のよ

3-20 背中合わせによる見合い防止策

3-21 指示棒の無駄な動き

うな適切なプレゼン状況が実現できる．この**スクリーンへの背中合わせ**による見合い防止策は効果覿面(てきめん)であるので，指導教員はスクリーンとの見合い状態が改善できない学生には是非，この方法を試していただきたい．

3-21 には指示棒講演で散見される**指示棒の無駄な動き**を再現している．左の写真のように指示棒を伸ばしたり縮めたり，あるいは右の写真のように聖火トーチのように垂直に持つのは講演の邪魔になるので注意すべきだ．

次に紹介する 3-22 のハンドフィンガー講演は初心者にはまだ無理かもしれない．ただし，エクセレントな講演者は指示棒もレーザーポインターも使用しないのを知っていただきたい．

◎ハンドフィンガー講演

3-22 ハンドフィンガー講演

■ハンドフィンガーの
　　　　メリットとデメリット
<メリット>
①指示棒やレーザーポインターとは異なり，持参忘れがない
②レーザーポインターや指示棒よりもハンドフィンガーの方が良く目立つ
③離れているところも指先で指し示すことができる
<デメリット>
①スクリーンの前に立つ必要があるのでスクリーンの一部を隠してしまう

3-23 ハンドフィンガーでの指し示し

　手には何も持っていないので，ハンドフィンガー講演では，その両手と両腕を自在に使って，ジェスチャー豊かに素晴らしいプレゼンが実行できる．学術講演を3回〜5回ほど経験して慣れてきたならば，1度ハンドフィンガー講演にチャレンジするもの良いだろう．

　3-23 にハンドフィンガーのメリットとデメリットを示す．初心者にはメリット③が理解できないかもしれないが，1度試してみれば了解されるだろう．すなわち，スクリーンの手の届かない箇所であっても指先で方向を指し示すならば，その指し示し箇所は大多数の者が即座に確認できるのである．

　また，唯一のデメリット①は，スクリーンの一部を隠すことで，逆にスライドの強調すべき箇所を明示できるメリットも内包している．

　図示のメリットとデメリットの内容から，ハンドフィンガー講演が良い講演であることだけは理解できるはずだ．

　以上で，スクリーンへの適切な指し示し方法の4種類について解説した．結論として，初心者は指示棒を使って講演すべきであり，慣れてきたら1度，ハンドフィンガー講演に挑戦していただきたいということだ．

　次に悪い質疑応答の例を示す．**3-24** はアイコンタクトなしの質疑応答の例

である．多くの発表者は質問されると，その質問がまだ終わらないうちに回答準備のためにパソコンのスライドを探し始めてしまう．

さらに，回答中もスクリーンのスライドと見合いする結果，質問者にはアイコンタクトを送る余裕もない状態となる．これは失礼な行為であり，回答がいかに的確で正しくとも質問者は気分を害するので，良い結果とはならない．

解決策は図示のとおりである．特に重要なのは質問が終了するまで質問者へ的確なアイコンタクトを送ることである．スライドを提示する必要があるのなら，その後，パソコンを操作すれば良い．

×アイコンタクトなしの質疑応答
<悪い質疑応答の具体例>
・質問者とアイコンタクトを交えずに回答
　→ 質問者への欠礼行為 → 質問者は気分を害す
　→ 回答内容のいかんを問わず納得できない
<解決策>
①質問者への礼儀が不可欠だと的確に認識すべき
②質問が終わるまで確実にアイコンタクトを送る

3-24 アイコンタクトなしの質疑応答

×質疑応答で的外れな回答
<悪い質疑応答の具体例>
・質問内容を理解不足 → 的外れな回答
<解決策>
①講演論文集の持参
②質問のメモ取り
③質問が理解できない場合→聞き直せ
④明確な回答ができない場合
　→「現段階ではわかりません」と素直に回答
　→「今後の課題とさせてください」と付言

3-25 質疑応答で的外れな回答

3-25 は質疑応答で的外れな回答をする例である．的外れな回答の多くは，質問内容を理解していないために発生している．解決策は簡単なことで，図示のように必ず，①講演論文集を持参し，②質問のメモを取り，③質問が理解できない場合は恥ずかしがらずに聞き直し，④明確な回答ができない場合は，「現段階ではわかりません」と素直に答えることである．

ただし，「わかりません」だけでは幼稚な回答なので，「今後の課題とさせてください」と付け加えることも必要だろう．

3.4 学術講演の徹底訓練

　学術講演の徹底訓練は読者が全員実施できるものではない．大学高専の最終学年以外では卒論研究を実施していないため，スライドの作成も不可能だろう．卒論あるいは修論を大学高専で発表予定の学生ならびに企業研究者で職場での研究報告会あるいは学会の学術講演を控えている読者は，是非，**3-26** の**学術講演の徹底訓練〈採点表〉**で練習を積んでいただきたい．

学術講演の徹底訓練〈採点表〉

学生番号 _____ 氏名 _____

採点項目	点数と講評			
初級編	アイコンタクト……………………	□良い	□普通	□なし
	話すスピード………………………	□良い	□普通	□悪い
中級編	間合い………………………………	□良い	□普通	□悪い
	語勢強調……………………………	□良い	□普通	□悪い
	ジェスチャー………………………	□良い	□普通	□なし
	ムーブメント………………………		□普通	□なし
	声　量………………………………		□普通	□悪い
上級編	スクリーンへの指示方法…………	□良い	□普通	□悪い
	スライド作成法……………………	□良い	□普通	□悪い
	質疑応答……………………………	□良い	□普通	□悪い
第4章	講演内容……………………………	□良い	□普通	□悪い
プレゼン点数の計算	個　数　____個　　____個　　____個 点　数　10点　　5点　　−3点 個数×点数＝____点　＋　____点　−　____点 合　計＝____点			
良い点の指摘				
悪い点の指摘				

合計点＝ ☐ 点／100点

3-26 学術講演の徹底訓練〈採点表〉

4 プレゼン原稿作成の極意
説得力のあるプレゼン原稿作成法

4.1 説得力のある原稿作成ルール～具体性とストーリー性～

　本章で紹介するプレゼン原稿は，第1章と第2章で「私の個性」と題して作成させた受講者のプレゼン原稿を参考にし，それらの原稿の書き方と構成を模倣して，著者が独自に作成したものである．したがって，ここで紹介する下記の原稿は特定の受講者によって作成されたものではないことを明記しておく．

　まずは声を出して，次のプレゼン原稿を読み上げていただきたい．

例1　元原稿

　　私の考える自分の個性は，自分に対し厳格であることです．例えば，自分にとってこれは正しいことと判断すると他人から間違っているとか別のやり方が良いなどと指摘されても絶対に自分が正しいとの考えを頑として譲りません．さらに，これは自分としてやってはいけないこと＝禁止事項だと決めたことには決して違反しません．このように自分に対して物事の正しいことと間違ったことなどの行為に対しては厳格に判断して実行できるのですが，自分の感情を表現することはとても苦手意識をもっています．うまく自分の感情を相手に伝える方法がみつかりません．しかし，この人は信頼できる人と感じることができたら，一生付き合うような友人になります．このような堅物の私ですが，よろしくお願いします．
　　　　　　　　　　　　　　　　　　　　　　　　　　　(323文字)

　読み上げてみて，何か奇妙な点に気づかないだろうか．
　ご明察のとおり，単語の「自分」が8回と「こと」が7回も繰り返されているのだ．同じ単語が繰り返させる文章はどのような印象を受けるかを実体験するために，再度，次の文章を読み上げながら受ける印象を考察しなさい．

例2

　　私の考える自分の個性は，自分に対し厳格であることです．例えば，自分に

とってこれは正しいことと判断すると他人から間違っているとか別のやり方が良いなどと指摘されても絶対に自分が正しいとの考えを頑として譲りません．さらに，これは自分としてやってはいけないこと＝禁止事項だと決めたことには決して違反しません．このように自分に対して物事の正しいことと間違ったことなどの行為に対しては厳格に判断して実行できるのですが，自分の感情を表現することはとても苦手意識をもっています．うまく自分の感情を相手に伝える方法がみつかりません．しかし，この人は信頼できる人と感じることができたら，一生付き合うような友人になります．このような堅物の私ですが，よろしくお願いします．
(323文字)

この文章を読み上げるとわかるように，同じ単語を繰り返す文章は幼稚であると同時にその単語が耳障りとなってしまう．選挙活動における候補者名の連呼現象と同じである．

「自分」と「こと」をプレゼン原稿として聞き手に覚えてもらう必要があるのなら，繰り返しは有効な手段だが，この2つの単語が本原稿のキーワードではないのは明白だ．以上の観点から，プレゼン原稿作成の方法として，次のルール1を励行しなければならない．

ルール1 不要な繰り返し単語を原稿から削除せよ．

ルール1にしたがって，繰り返し単語の「自分」と「こと」を可能なかぎり削除して書き直した原稿を以下に示す．

例3

「私自身に対し厳格」なのが私の個性の特徴です．例えば，これは正しいと判断すると他人から間違っているとか別のやり方が良いなどと指摘されても絶対に正しいとの考えを頑として譲りません．さらに，これは人としてやってはいけない禁止事項だと決めたならば，決して違反しません．このように物事の「正しい，間違い」行為に対しては厳格に判断して実行できるのですが，感情を表現するのはとても苦手です．うまく感情を相手に伝える方法がみつかりません．しかし，この人は信頼できる人だと感じたならば，一生付き合う友人になります．このような堅物の私ですが，よろしくお願いします． (273文字)

この例3と例2を比較すると,「自分」と「こと」を削除しても原稿の文意は維持されていて,さらに文字数が51文字も少なくなり,文章量としては82%に減少したことになる.書籍などの書き文章に対し,話し言葉のプレゼン文章はもともと冗長となるのは仕方ないのだけれど,上記の「自分」と「こと」の繰り返し言葉による冗長は全く不要である.削除できた文書量だけ,重要な事柄を別の言葉で言い換えたり,あるいは詳細に紹介することが可能となる.

だが,どのように解説しようと,上記の例3は結局,何が言いたいのかがよくわからない文章であると言わざるをえない.

この何が言いたいのか＝文章のエッセンスを明確にするために,ルール2にしたがって原稿内容の**キーワード化**を試みてみよう.

ルール2 原稿文章から内容のキーワード化を実施せよ.

例4 キーワード化原稿

(1a) 私は厳格な個性

「私自身に対し厳格」なのが私の個性の特徴です.例えば,これは正しいと判断すると他人から間違っているとか別のやり方が良いなどと指摘されても絶対に正しいとの考えを頑として譲りません.

(1b) 正邪判断で行為を厳格に実行

さらに,これは人としてやってはいけない禁止事項だと決めたならば,決して違反しません.このように物事の「正しい,間違い」行為に対しては厳格に判断して実行できるのですが,

(2) 感情表現は苦手

感情を表現するのはとても苦手です.うまく感情を相手に伝える方法がみつかりません.

(3) 信頼できる人は一生の友人

しかし,この人は信頼できる人だと感じたならば,一生付き合う友人になります.このような堅物の私ですが,よろしくお願いします.

次に実行すべきは,原稿作成ルール3に示すように,**原稿構成**を検討することである.

ルール3 キーワードから原稿構成を考察せよ.

例5 原稿構成の考察

(1 a) 私は厳格な個性
(1 b) 正邪判断で行為を厳格に実行
(2) 感情表現は苦手
(3) 信頼できる人は一生の友人

　原稿構成として，(1 b) は (1 a) の厳格な個性の状態を補足している文章である．(2) は (1 a) と (1 b) とは直接関係のない文章となっていて，強いて言えば，(1 b) の「行為の話」だけでは個性がわからないと判断して，感情表現を説明している．さらに，(3) は (1) と (2) とは無関係で突然，信頼のおける友人の話を切り出していて，極めて唐突だ．

　この原稿構成からわかるように，学生の原稿では，1分間プレゼンのわずか300文字の中に3項目の話をしようとしている．まず，項目が多すぎる．これは，項目間の話に関連があるときのみ許される．作成した受講者には (2) の「感情表現は苦手」の話とそれ以前の文章との関連はついているのであろうが，聞き手にはそれが伝わらない．(3) の「信頼できる人は一生の友人」の話もそれ以前とは脈絡がない．原稿構成として，このプレゼン原稿は3つの個別の話を列挙していることになる．以上のことから，ルール4を実施せよ．

ルール4　重要な項目を1つ，多くても2つに絞れ．

　プレゼン原稿で最も重要かつ強調すべきは，(1 a)「私は厳格な個性」であり，さらにそれを補足して，(1 b)「正邪判断で行為を厳格に実行」であるのは明確である．これらの項目の文章を下記へ再録しておく．

例6 選択項目の原稿

(1 a) 私は厳格な個性
(1 b) 正邪判断で行為を厳格に実行

　「私自身に対し厳格」なのが私の個性の特徴です．例えば，これは正しいと判断すると他人から間違っているとか別のやり方が良いなどと指摘されても絶対に正しいとの考えを頑として譲りません．

　さらに，これは人としてやってはいけない禁止事項だと決めたならば，決して違反しません．このように物事の「正しい，間違い」行為に対しては厳格に

判断して実行できるのですが， (172文字)

　元原稿のうち，重要項目として選択した項目文章が上記の文章である．当然，文章量の172文字では1分間プレゼンには短すぎる．そこで，文章を加筆するにあたり，プレゼン原稿作成で最重要なこととして，確実に自覚いただきたいのが次のルール5である．

ルール5　説得力は具体性だ．実体験のエピソードを書け．

　第1章の1分間プレゼン準備段階で，プレゼン原稿は**具体的エピソード**を踏まえて記述せよと受講者へは何度も繰り返し指導してはいた．それでも，受講者の具体的だと判断する文章がとどのつまり次の元原稿なのである．

例7　受講者が具体的だと判断していた文章

　　私の考える自分の個性は，自分に対し厳格であることです．例えば，自分にとってこれは正しいことと判断すると他人から間違っているとか別のやり方が良いなどと指摘されても絶対に自分が正しいとの考えを頑として譲りません．さらに，これは自分としてやってはいけないこと＝禁止事項だと決めたことには決して違反しません．このように自分に対して物事の正しいことと間違ったことなどの行為に対しては厳格に判断して実行できるのですが，

　これが具体的であるというのなら，具体的という言葉の意味を再定義する必要があるだろう．強く自覚いただきたい．これは具体的ではなく，具体的エピソードを抽象的にまとめたものである．具体的表現とは，その文章から登場人物がありありと**イメージできる**姿に描き出されていなければならない．上記の文章からは，はたしてイメージが描けるだろうか．いや，描けない．

　「他人から間違っているとか別のやり方が良いなどと指摘されても絶対に自分が正しいとの考えを頑として譲りません」という文章には，必ず具体的なエピソード，例えば「A君が私に対し○○○のことで別の方法を良いときつく指摘したが，私は△△△のやり方が正しいのだと一歩も譲らなかった」という出来事が存在したはずだ．それを書かないかぎり説得力のある文章とはならない．

　ただし，ここで過ちを犯す学生が必ず出てくる．エピソードを創作するのである．**エピソード創作は絶対にダメだ**．本書の最終目標は学術講演会でエクセレン

トなプレゼンを実行することである．その学術講演会でデータや実験条件を創作
＝捏造すると，必ずその捏造がばれてしまい，研究者人生を棒に振ることになる．
個性は千差万別であるので，探せば本人しか知りえない，またその個性独特のエ
ピソードが存在しているはずで，それをプレゼン原稿にすべきだ．

　原稿エッセンスの（1 a）「私は厳格な個性」と（1 b）「正邪判断で行為を厳格
に実行」の2つを踏まえて，具体的なエピソードを記述したのが，次の原稿であ
る．

例8　エピソード原稿

　「赤信号は止まれ！」が私の個性の特徴です．小学生のとき，友人B君と私
はともに国道240号線を渡ったところに自宅があるので，一緒に下校していま
した．この国道240号線は3桁国道なので交通量は多くありませんが，横断歩
道と信号は完備されています．丁度，横断歩道の手前で赤信号になったので，
私は立ち止まり信号が青になるのをじっと待ったのです．ところが，B君はさっ
さと渡ってしまい，そして私に言うのです．「何してんだ．車が来ていないの
だから，早く渡れよ」．確かに，道には1台の車も見あたりません．しかし，「赤
信号は止まれ！」です．理由のいかんによらず，赤信号では決して道を渡って
はいけないのです．今後も「赤信号は止まれ！」を厳守して，私は良い警察官
になる決意です．　　　　　　　　　　　　　　　　　　　　（323文字）

　このエピソード原稿と受講者の元原稿とを比較してみよう．受講者が具体的だ
と考えて作成した文章＝「自分にとってこれは正しいことと判断すると他人から
間違っているとか別のやり方が良いなどと指摘されても絶対に自分が正しいとの
考えを頑として譲りません」と上記の「赤信号事件」とでは，どちらが具体的で
あるかは明白だろう．

　そこで，次のルール6を肝に銘じていただきたい．

ルール6　具体性とは状況がイメージできることである．

　エピソード文章の「丁度，横断歩道の手前で赤信号になったので，私は立ち止
まり信号が青になるのをじっと待ったのです．ところが，B君はさっさと渡って
しまい，そして私に言うのです．『何してんだ．車が来ていないのだから，早く
渡れよ』」からはイメージ＝ランドセルを担いだ私とB君が横断歩道の前に来て，

赤信号なのにB君は横断歩道を渡って，私は青信号になるまでじっと立って待っている状況が目に浮かぶだろう．このように状況がイメージできる具体的なエピソードを書くべきだ．

　このエピソード原稿の書き方を学習していただくために，例8のエピソード原稿を1度，キーワード化してみよう．

例9　エピソード原稿のキーワード化

(1) 私の個性の特徴＝赤信号は止まれ！

　「赤信号は止まれ！」が私の個性の特徴です．小学生のとき，友人B君と私はともに国道240号線を渡ったところに自宅があるので，一緒に下校していました．この国道240号線は3桁国道なので交通量は多くありませんが，横断歩道と信号は完備されています．

(2) 赤信号を守らないB君

　丁度，横断歩道の手前で赤信号になったので，私は立ち止まり信号が青になるのをじっと待ったのです．

　ところが，B君はさっさと渡ってしまい，そして私に言うのです．「何してんだ．車が来ていないのだから，早く渡れよ」．確かに，道には1台の車も見あたりません．

(3) 赤信号は止まれ！

　しかし，「赤信号は止まれ！」です．理由のいかんによらず，赤信号では決して道を渡ってはいけないのです．

(4) 赤信号を厳守する良い警察官

　今後も「赤信号は止まれ！」を厳守して，私は良い警察官になる決意です．

　このようにキーワード化すると，具体的なエピソードには**ストーリー性をもつ**のが理解できるだろう．すなわち，全体のストーリーを一貫しているキーワードは「赤信号」であり，冒頭の(1)ではその「赤信号は止まれ！」が私の個性の特徴であると明言して，具体的なエピソードとして，B君と私の家の近くに国道240号線があり，その横断歩道での出来事を紹介し始める．(2)ではB君が赤信号なのに渡ってしまったことを紹介し，(3)では私は絶対に赤信号では渡ってはいけないとの信念を堅持している状態を紹介し，(4)では赤信号厳守の良い警察官になる決意を述べて，話を終えている．

これがストーリー性なのである．昔話「桃太郎」では「桃太郎は川から流れてきた桃から生まれた．犬と猿と雉を家来にして，鬼退治に出かけて，宝物を持ち帰った」というストーリーを誰もが覚えているだろう．実体験ではないが，このストーリー性をもっているがゆえに，話し手は原稿を覚えるのに全く苦労しない．

さらに，このエピソードは自分の実体験に基づいているのであるから，微細に覚えていて，忘れろと言われても忘れられないのである．

第1章と第2章で多くの学生は「原稿が覚えられない」と不平と不満を吐露していたが，それはストーリー性をもったエピソードを書いていないからである．以上のことから，次の原稿作成ルール7が明確に納得されたはずだ．

ルール7 話し手にとってストーリー性をもつエピソードは忘れられない．

さて，ストーリー性をもつエピソード原稿の強さを証明する簡単な実験をしてみよう．本書を見返さずに，学生の元原稿＝例1と赤信号事件の例8をそれぞれ2分間で紹介してみなさい．

赤信号事件では，文章の細かな点は当然紹介できないだろうが，全体の話は確実に再現できたはずだ．それに対し，学生の元原稿に関しては，残念ながら，あやふやな紹介しかできなかっただろう．これが，次のルール8である．

ルール8 聞き手にとってもストーリー性をもつエピソードは忘れられない．

以上のことから，力説しているように，プレゼン原稿は実体験に基づいたエピソードを記述し，そのエピソードは必ずストーリー性をもつがために，聞き手にとっても話し手にとっても印象に残り，忘れられないプレゼンとなるのである．

しかし，この原稿作成のポイントは「言うは易く行うは難し」で一朝一夕にはできないだろう．そこで，次節ではルールにしたがって，徹底訓練させる．

4.2　プレゼン原稿作成の徹底訓練

本節では，原稿作成ルールに基づいて説得力のあるプレゼン原稿作成の徹底訓練を実施する．作成する原稿は第1章の1分間プレゼン原稿である．第2章の3分間プレゼンの原稿作成についても全く同じであるから，本節の徹底訓練の後に，必ず各自で取り組んでいただきたい．

① 「私の個性」と題する1分間プレゼン原稿を作成せよ．文字数はおよそ300

文字とする．この作成原稿にルール1を適用するため，繰り返し単語をマーカーで塗りつぶせ．

> **ルール1** 不要な繰り返し単語を原稿から削除せよ．

② ルール2を適用し，内容のキーワードを上記①で作成した原稿に赤ボールペンなど下地の文字色とは異なる色で直接書き加えよ．ただし，キーワードは，1～2文ごとに1つ挙げるように考察せよ．キーワード化が完了したら箇条書きせよ．

> **ルール2** 原稿文章から内容のキーワード化を実施せよ．

③ キーワードから，ルール3にしたがって，原稿構成，つまり各項目間の関連の有無を考察せよ．

> **ルール3** キーワードから原稿構成を考察せよ．

④ この原稿構成から判断して，あなたが主張したい項目のキーワードを1つ，多くても2つ選択せよ．

> **ルール4** 重要な項目を1つ，多くても2つに絞れ．

⑤ ルール5に基づいて，選択した重要項目を紹介できる具体的なエピソードを決定し，可能なかぎり詳細に記述せよ．

> **ルール5** 説得力は具体性だ．実体験のエピソードを書け．

⑥ 用意したエピソードが，次のルール6～8を満足しているかを検討せよ．満足できる段階まで，具体性とストーリー性を具備させよ．

> **ルール6** 具体性とは状況がイメージできることである．

> **ルール7** 話し手にとってストーリー性をもつエピソードは忘れられない．

> **ルール8** 聞き手にとってもストーリー性をもつエピソードは忘れられない．

⑦ 以上の推敲を経た原稿が聞き手にとっても，話し手にとっても忘れられない話となり，説得力を具備したプレゼン原稿となる．それを記述せよ．

以上，本節ではプレゼン原稿作成の方法として，説得力のあるプレゼン原稿作成法について詳述し，1分間プレゼン原稿を見本にして，具体的に原稿作成を実施させた．

3分間プレゼン原稿も全く同じであるので，是非，各自で徹底訓練いただきたい．さらに，学術講演会におけるプレゼン原稿の作成法も実は同じである．スライドの並びで学術講演のストーリーを構築し，1枚のスライドの中に実体験で獲得したエピソードに基づいた原稿を作成すれば，それが最も説得力のあるプレゼン原稿となる．

5

プレゼンツールの選択と使用特性

　前章までの議論のように,プレゼンは「学術講演」や「技術報告」,もっと身近な例を挙げれば「授業での課題発表」や「就職面接」など,様々な場面・状況下で行われるため,当然ながら"どれも同じ"ではない.

　したがって,発表者はそのプレゼンの目的や聞き手に合わせて,最も適した内容・構成を検討するわけだが,このような検討作業に比べて詰めが甘くなりがちなのが,プレゼンツール(以下ツール)の選択である.

　例えば近年はマイクロソフト社の**パワーポイント**が標準的なツールとして多用されており,発表者に対して,あらかじめ同ツールでプレゼンするよう指示されることも少なくない.また,ツールを自由に選択できる場合でも,ソフトに対する"慣れ"やデータの加工・修正のしやすさなど,"発表者の都合"によって,パワーポイントが用いられる場合も多い.

　しかし,同ツールはプレゼンのどんな場面・状況に対しても万能性を発揮できるだろうか.プレゼンの場面・状況が異なれば,当然適切なツールも異なってくるはずである.換言すれば,「ツールに合わせてプレゼンする」のではなく,「プレゼンに合わせてツールを選ぶ」のが本来の姿であろう.

　とはいえ,現実には様々な事情からツールの選択ができない,あるいは限定されることもしばしばである.このような場合でも,ツールの使用特性を理解し,最大限活用することができれば,効果的なプレゼンを行うことができる.

　本章では,これらの問題を念頭に置きながら,様々な場面・状況に合わせて効果的なツールを選択するための考え方や各種ツールの使用特性について述べていこう.

5.1　プレゼンの内容・聞き手・環境に合わせたツールの選択

　プレゼンの内容・構成に比べて,**ツールの選択**がそれほど検討・留意されていないことがしばしばある.例えば,ある新製品についてプレゼンする場合,斬新なカラーリングや変わった素材で作られているにもかかわらず,モノクロの写真

と説明文を記したプリントを配布するだけだとすれば，聞き手にその魅力はしっかり伝わるだろうか．

　それよりは，その製品を様々な角度から写したフルカラーのスライドをプロジェクターで示しつつ，その場で発表者が解説していったほうが聞き手の注意や関心を高めることができるのではないか．さらに言えば，模型や実際の製品を展示し，直接見て触らせるほうが魅力はストレートに伝わるのではないか．

　上記は「製品の魅力」，ここではカラーリングや素材の魅力をいかに伝えるかということ，すなわちプレゼンしようとする「内容」に主眼を置いて検討しているが，当然それだけでツールの適切な選択ができるわけではない．他にもそのプレゼンにどのような属性・立場の聞き手が参加するのかも考慮されなければならない．

　極端な例だが，幼稚園児に新製品の説明を行うとすればどのようなツールを選ぶだろうか．プレゼンの内容については，クライアントや各種専門家などの耳に馴染んでいる"大人向けの専門的な言葉"ではなく，"子供向けの平易な言葉"を使うといった点は当然配慮するだろう．しかし，ツールについては，子供向けに内容や言葉づかいを変えたスライドをプロジェクターで映せば良いと考えるならば少し早計である．

　プレゼンの長さにもよるが，幼稚園児の集中力は，大人と比べて格段に短く散漫である．したがって，まず子供に「話を聞いてもらえる状況」を作るためにも，ツールは相当工夫する必要がある．それは例えば，人形や縫いぐるみ，大きな製品模型を使ったり，手作りの紙芝居を使ってみたりするなどである．

　かなり極端な例を挙げたが，**聞き手の年齢・体力・知識のレベルや関心の度合い**に合わせて，相手が最も理解しやすく，かつ興味を引きやすいツールを選択すべきである．

　最後に，ツールの選択において，そのプレゼンがどのような「環境」で行われるかという点も重要である．例えば，大学の大教室のようにかなり広い空間で，聞き手の数が数百人にものぼる講義の場合，ホワイトボードやパネルでプレゼンを行えば，後ろのほうにいる聞き手は何がそこに書かれているのかわかりづらいだろう．また，聞き手が1〜2人と少なく，小さな会議室の一角で行われるといった状況であるならば，わざわざプロジェクターで投影するよりも，書類で説明したほうが話は早いかもしれない（ 5-1 ）．

figure 5-1 多人数向けの大教室と少人数向けの会議室

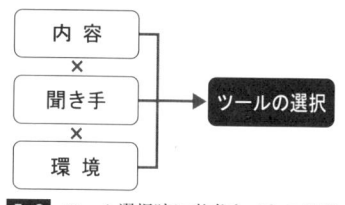

figure 5-2 ツール選択時に考慮すべき3要素

このように，ツールの選択においてはプレゼンの「内容」「聞き手」「環境」に最大限配慮することが大切だが，それを実行するためには，様々な**ツールの使用特性**について発表者がきちんと理解しておかなければならない（ 5-2 ）．

そこで次節では，一般的によく使われるプレゼンツールの使用場面やそれに伴うメリット・デメリットについて解説する．

5.2 プレゼンツールの種類と使用特性

本節では，プレゼンにおいてよく用いられるツールとして「プレゼンソフト」「書類」「パネル」「模型」「動画」「記録板」「模造紙」を取り上げ，それぞれの使用特性について解説する．

5.2.1 プレゼンソフト

昨今，プレゼンといえば，「パワーポイントを使うこと」と同義に考えている人がいてもおかしくないほど，同ソフトやその他の**プレゼンソフト**を使って発表することが一般化している．

これらのソフトは，パソコンの画面上でスライドを1枚1枚作成し，多くの場合はプロジェクターに繋げてスクリーンに投影する形で活用される．

上記手法によるプレゼンのメリットは，まず発表内容をデータ化することで内容の変更・複製が比較的簡単に行え，保管や持ち運びも手軽に行えるという点が挙げられる．また，ソフトには様々なテンプレートが装備されており，それらを

活用すれば，スライドの配色や背景のデザインが自動的に統一されるため，"それなり"に見栄えするものができる（ 5-3 ）．

スライドは前後に素早く切り替えることができるため，発表者の話すペースや話題の振り方に即応させやすく，資料の提示にかかる時間に対する聞き手のストレスを軽減することができる．そして，「静止画」としてだけではなく，文字や写真，イラストなどを画面上で動かせるアニメーション機能や効果音を加えることもでき，聞き手を飽きさせない動的な演出も可能である．

また，**聞き手の態勢**という観点で言えば， 5-4 のように，彼らの視線は自ずと正面および付近で話している発表者に向けられるため，企画書などの配布書類のみのプレゼンにしばしば見受けられる「手元の資料を読むことに集中するあまり発表者に対する聞き手の意識・注意が離れる」状態を防ぎやすいと考えられる．

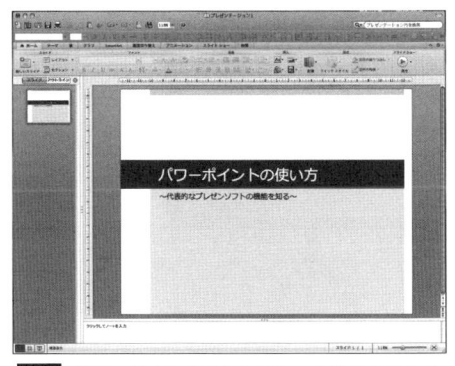

5-3 パワーポイントのテンプレートによるスライド作成画面

5-4 スクリーンで発表する場合の聞き手の姿勢

とはいえ，発表の内容そのものが，聞き手にとって興味のない退屈なものであれば，それがスクリーンに映し出されようが，書類で配布されようが，そのプレゼンから聞き手の意識が"乖離（かいり）"してしまうのは言うまでもない．

一方，デメリットもある．近年，小学生でも授業や日常生活でパソコンや各種ソフトを操作するようになってきたとはいえ，やはり人によって，**ソフトの活用スキル**に差があることは否めない．年代や組織内での立場によっては，発表者としてプレゼンの方向性や内容は考えても，スライドは他の人間に作らせる場合もあるだろう．しかし，内容の検討とスライド作成の主体が異なれば，両者の"感

5-5 プレゼンに必要な機材

覚"を一致させるために，少なからぬ時間と労力が費やされることになる．

また，発表者自身がスライドを作成する場合も，パソコンやソフトの操作に慣れていなければ，読みやすさや美しさなどのビジュアルの問題も含めて，情報整理・伝達の面で様々な不備・不具合が生じ，見る者にストレスを与えることになるだろう．上記問題はもちろんスライド作成に限らず，企画書などの他のツール作成時にも起こりうる問題である．情報の整理・伝達とそれを助けるための「ビジュアル化」の考え方については次章で詳しく述べる．

次の問題点としては，プレゼンソフトを活用する場合，当然ながらそれを操作するパソコン，ソフト，プロジェクター，スクリーンなどの機材が必要となり，これらすべてを揃えようとすればかなり費用がかかることが挙げられる（ **5-5** ）．

そして一旦機材が揃っても，それを動かすOS（オペレーティングシステム）やソフトがバージョンアップされれば，そのたびに更新・買替え費用が発生する．もちろん金銭面だけでなく，操作面でも新たに学習するための時間や労力が発生することになる．上記問題はプレゼンソフトの活用だけでなく，後述する「書類」を作成する際にも言えることである．また，ウィンドウズやマッキントッシュなど，パソコンのOSや各種ソフトが異なっている場合，あるいは同一ソフトでもバージョンが異なっているときなど，**互換性の問題**から，各種機材の接続がうまくいかず，プレゼンの開始時間になっても調整に手間取っている様子をしばしば目にすることがある．この「プレゼン開始後の調整」は聞き手をいらだたせ，不安にさせるという意味で大きなストレスを与えることになる．

上記問題は特に，発表者がパソコンを持参し，プロジェクターやスクリーンは会場で借りるといった，各機材の所有がそれぞれ異なる場合に起こりがちである．

したがって，発表者は使用するOSやソフトの種類，バージョン，さらに言えば，パソコンとプロジェクターの接続部分の規格についても会場側と事前に確認しておき，いざというときのための代替案，例えば，プロジェクターと接続可能

なパソコンを会場側にも準備してもらうことなどを検討しておくと良いだろう（ 5-6 ）.

最後に，一見メリットに見えるようで，プレゼンの本質的な目的・効果においては望ましくない結果をもたらす問題として，**ソフトの操作スキルが高いがゆえの演出過剰**が挙げられる．先述したとおり，昨今のプレゼンソフトは機

5-6 プレゼン会場の設備

能が日々進化・充実し，アニメーションや効果音，映像などを組み込んだ様々な表現・演出が可能になっている．発表者は"ここぞ"という場面で，メッセージやイラスト，グラフなどをアニメーションで動かし，聞き手にアピールする．

しかし，しばしば見受けられるのが，どのスライドにも上記のような演出を施している例である．これは，そのプレゼンにおけるアピールポイントをぼやけさせるばかりか，聞き手がその"動き"を目で追おうとするあまり，内容自体が頭に入らない恐れさえある．また，スライドにアニメーション機能を盛り込めば盛り込むほど，「その動作にかかるロス時間」が増えることから，聞き手はそれを眺める間，時間を無駄にしているとも言える．

このような"演出過剰"の問題は，「プレゼンソフトの操作スキル」は高いが，「プレゼンのスキル」は高くない，あるいは理解していないというギャップから生まれるとも言えよう．この問題を回避するためには，プレゼンの全体構成の中で，何をどこで強調すべきか，そのためには何を省くべきか，あるいは控えめに提示するかといったことを，事前にしっかりと検討してから，各種機能でスライドを演出することが肝要である．

以上，プレゼンソフトの使用特性についてメリット，デメリットの観点から様々に述べてきた．最後に，同ツールの本質を端的に述べるならば，それは，「プレゼンソフトは基本的には，発表者がその場で話すことを補完するためのツール」だということである．

スクリーンに映し出されたスライドは，聞き手にとって「聞きながら"見る"ことができる」，つまり直感的に理解できる程度の情報に集約されていなければ

ならない．聞き手にとって「読む」ことがメインになるようなスライドは，聴力と読解力を同時に求められることから聞き手を混乱させるだけであり，結果的に発表者の存在感や意義を弱めてしまうだろう．

プレゼンソフトのスライドをそのままコピーして聞き手に配布している場合が多々あるが，**その場でスクリーンに投影するスライド**と，**読ませる資料として聞き手に配布する書類**の役割は本質的に異なる．両者はきちんと区別され，使い分けられるべきである．後者に含まれる「読ませる資料としてのスライド」については次項で触れる．

5.2.2 書類

昨今，各種プレゼンソフトやデジタル機材を使うことが主流になってきたとはいえ，上記ツールでは伝えきれない情報を補完するため，あるいは何らかの事情でデジタル機材が使えない環境に対応するために，紙媒体の**レジュメ**や**企画書**などの**書類**を使ってプレゼンすることも多い．

本項ではこれら聞き手の手元に書類として配布されるプレゼンツールの使用特性について述べる．

まず，レジュメはプレゼンの内容を要約したものであり，各話題のタイトルや項目を箇条書きで記したり，大切なポイントを部分的に抜粋したりするなど，情報を簡潔に示すことに特徴がある．

プレゼンソフトやプロジェクターを使わず，レジュメのみでプレゼンする場合，発表者にとっては，それが説明の拠り所となる「メモ」になると同時に，聞き手にとっては，気になった点や興味をもった点を書き込むための「メモ用紙」として使えることが望ましい．

例えば，レジュメと称しながら，用紙一面に「文章」がぎっしり書き込まれている例を見かけるが，これは発表者にとっては，視覚的に話の要点がつかみにくく，結果的に最初から最後まで，書かれた文章を"読み上げる"形になりがちである．もちろん，話す内容が"完璧"に頭に入っているのであれば上記問題の心配はないが，本番は何が起こるかわからないのが常である．

聞き手もまた，プレゼンの要点は何か，それがどこにあるのかわかりづらいのは同じである．さらに言えば先述のように，発表者がそれを読み上げるだけであれば，聞き手は手元の資料の「朗読」をただ聞かされるだけで，非常に退屈な思

5.2 プレゼンツールの種類と使用特性

いをすることだろう．

レジュメの本質は，先般の「スクリーンに投影するスライド」と同じように，ある程度情報を取捨選択し，**発表者の言葉を補完する**ツールとして機能させることにある．特に同ツールが有効なのは，「このプレゼンで大切なポイントは何か」を聞き手自身に判断して/考えてもらいたい場合である．その際，レジュメの余白に聞き手自身がメモを取るという行為が，本人の関心・思考を整理する上で重要な意味をもつ．講義や研修などでレジュメが使われるのは，まさに上記理由によるところが大きいだろう．

したがって，発表者は聞き手の興味・関心や"学び"を高めるという観点から，発表者がもつ豊富な情報をあえて言葉少なに「要約」し，聞き手に「メモを取る余白」つまり「考える余地」を残す必要があるのである．

次に，企画書は特定のクライアントや一般の顧客に対して，依頼されたテーマ・条件の下で，あるいは自由な形で「新たに提案する」ためのツールである．特にビジネスの現場において，新商品・サービスの開発や売込み，各種イベント・キャンペーンを実施する際に，社内外のプレゼンで用いられる場合が多い（ 5-7 ）．

企画書の具体的な書き方については，すでに多くのビジネス書が出版されているため，詳しくはそちらを参照していただきたいが，基本的な形としては，①クライアント名（＝提案先の名称），②企画のタイトル，③提案日，④提案者名，⑤提案概要，⑥コンセプト，⑦ターゲット，⑧具体的な提案内容，⑨実施ス

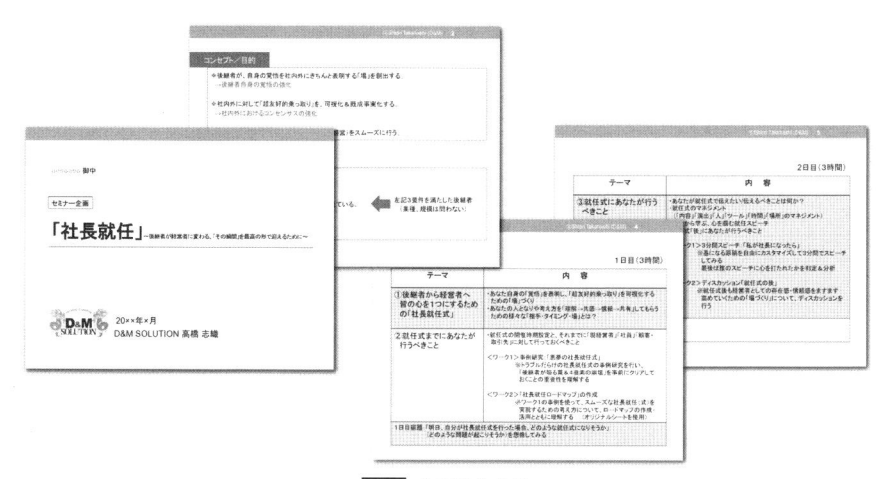

5-7 企画書作成例

ケジュール，⑩ 予算，⑪ 提案実施に関わる役割分担，⑫ 提案を実施することで得られる成果，⑬ その他実施に必要な要件などの項目が盛り込まれる．

また，上記のような構成のほか企画書は取り扱いについても留意しなければならない．提案者が複数になるコンペティション形式でのプレゼンや，企業の機密情報が記載される場合など，「社外秘」あるいは「㊙（まる秘）」マークをつけ，関係者以外に提案内容が漏れないよう配慮することが求められる．もしこれらの配慮がなされず，外部に内容が漏れてしまった場合，思わぬトラブルが発生し，クライアントからの信頼を失ったあげく，その後2度とプレゼンのチャンスを与えられない可能性すらある．

企画書の本質は，いかに相手を説得するかという点にある．最終的にはクライアントや顧客にその提案が認められ，実行されることを目的として使用されるからである．それは，聞き手のクライアントが提案の採用・実施に対する決定権を握っていることを意識し，相手から「YES」と言わせるためのあらゆる工夫を，ツールを通じて仕掛けていくことに他ならない．

企画書と一口に言っても，1枚にまとめただけのものや，表紙をつけて数ページから多ければ数十ページの冊子状にまとめたものまで，その形式は様々である．上述のクライアントへの説得という観点から勘違いしがちなのが，「とにかく企画書はページ数が多ければ多いほど説得力が出る」という，"ボリューム重視"の制作スタイルである．

このことは，他の状況におけるプレゼンやツールにおいても共通していることだが，その真価は決してボリュームで決まるのではない．企画書で言えば，提案内容に直接関係のない情報，例えば，新商品の販売企画の中で，市場が日本の特定の地域・世代に設定されているにもかかわらず，世界経済の動向など，あまり影響しないと思われるような情報を延々と盛り込まれているものを目にするときがある．これは，提案者が，表面的に"それらしいプレゼン"に見せることに腐心しているようにしか感じられない．また，場合によっては，その企画を依頼するにあたり，特に高額の「予算に見合った労力のわかりやすい確認方法」として，クライアントのほうから，その種の関係のない，余計な情報の記載を求められることもあるだろう．

前者の場合は，その提案内容に対する提案者の自信のなさに起因していると考えられるが，突き詰めれば，これは提案者が提案内容の何/どこに大きな「価値」

があるのかを理解できていないことを示していると言えよう．また，後者の場合も，クライアント自身がそもそもどのようなニーズをもって，相手に提案を求めているのかが曖昧であることが，量ではなく「質」による本質的な判断を鈍らせることに繋がっていると思われる．

いずれにしても，企画書で最もわかりやすく，かつ強調すべきポイントは，「その提案がもっている価値」すなわち**提案実施から得られる成果**である．上記について提案者はクライアントに，できるだけ不信や疑問を抱かせないよう，成果を得るために必要な要素やプロセスを，シンプルかつ論理的に展開していくことが肝要となる．その意味では，先述のレジュメと異なり，聞き手に「疑問や考える余地」を与えてはならないツールだと言えよう．

書類のプレゼンツールとして，最後にスライドの印刷物について説明する．前項でも述べたとおり，パワーポイントに代表されるプレゼンソフトは，各種研究発表，講義，セミナー・研修，講演，企画・提案，PR・プロモーションなど，あらゆる場面で活用されている．

そして，スクリーンに投影されるスライドをそのまま印刷して，レジュメや企画書，その他補足資料として聞き手に配布する場合も多い．しかし，この場合も例えば講義やセミナー・研修におけるレジュメのように，「聞き手に大切なポイントは何/どこかを考えさせる」ことに力点を置くならば，"そのまま印刷する"ことはあまり勧められない．

なぜなら，投影用スライドと全く同じ資料が手元にある場合，聞き手は「聞き逃しても後で資料を読み返せば良い」など，"安心して"発表者から注意をそらすことができるからである．また，発表者のペースを無視して，資料を次々読み進んでいく聞き手も必ず出てくる．

上記状態に陥ることとも関連するが，そこに「答え」がすべて書かれているため，結局，聞き手自身に考える余地がなくなる．あるいは，発表者が意図する「考えてほしいタイミング・ポイント」とは"ずれた"状態で考えてしまうのである．

このように，聞き手の意識を発表者から引き離すような，そして考える余地をなくす/ずらすような資料を用いるのは本末転倒としか言いようがない．これらの問題に対する対策は3つある．

1つ目は，**配布用資料には投影用のスライドすべては載せない**ことである．これはスクリーンでしか見せないスライドを作ると言い換えても良い．聞き手は手

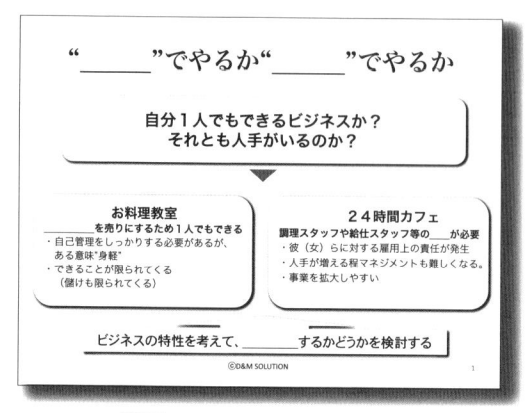

```
┌─────────────────────────────────────────┐
│    "＿＿＿"でやるか"＿＿＿"でやるか      │
│   ┌─────────────────────────┐            │
│   │ 自分1人でもできるビジネスか？ │       │
│   │  それとも人手がいるのか？   │        │
│   └─────────────────────────┘            │
│              ↓                           │
│  ┌──────────────┐ ┌──────────────┐       │
│  │ お料理教室   │ │ 24時間カフェ  │       │
│  │              │ │               │       │
│  └──────────────┘ └──────────────┘       │
│                                          │
│   ビジネスの特性を考えて，＿＿＿するかどうかを検討する │
└─────────────────────────────────────────┘

**5-8** 虫喰い状態のスライド作成例
```

元の資料が"不完全"であることに気づくと，その「欠けている情報」を埋めようとして，発表者や発表内容に対する興味や集中力を高める．もちろん，そのプレゼンの核となるような大切なスライドは資料から外せないが，ちょっとしたエピソードや，聞き手に対する質問などのスライドを投影専用に挿入するだけでも十分効果的である．

　また，上記と同じ理由から，スライドはすべて資料に載せるが，各スライドあるいは特定のスライド中の大切な語句だけは，**5-8** のように，部分的に**虫喰い状態**にして聞き手に書き込ませるようにしておくというのも有効である．

　2つ目は，資料を小分けに制作し，発表者のペースに合わせて，配布するタイミングをギリギリまで延ばすことである．よくプレゼンの開始前すなわち待ち時間に，聞き手に資料を配布してしまうことがあるが，発表が始まるまでの間，聞き手は手持ち無沙汰の状態になるため，その資料で「予習」を始める場合も少なくない．その場合，スライドを読んだだけでは聞き手も内容を完全に理解できないとはいえ，発表者が実際のプレゼンで与えたいと考えているインパクトや新鮮味は確実に失われてしまうだろう．

　したがって，資料はプレゼンが始まり，聞き手が発表者自身に十分な関心をもち始めてから，すなわち，資料からではなく発表者本人から，内容を聞きたいと思わせる雰囲気・状況を作って，発表者自らが配る，あるいは関係者に配布してもらうのがベストだろう．また，プレゼン時間が長時間に及ぶ場合，内容をすべて1つの資料にまとめてしまうと，途中の休憩時間に予習される可能性がある．

　このような状況を回避するために，休憩前・後と資料を分けて制作し，それぞれの発表開始に合わせて配布するといった配慮が必要となる．とはいえ，プレゼンの制約や状況によっては，事前に配布せざるを得ないこともある．その場合は，先述のように「不完全なスライド」を配布する，あるいは予習した聞き手の，期

待感や予想をさらに上回るような魅力的な「話術」によって発表者自身に注意を引きつけることが肝要である．このようなときこそ1〜4章で身に付けたテクニックをしっかり活用してほしい．

最後は，発表者がプレゼン開始前あるいは開始後に**発表のペースに合わせて資料を参照すること**を聞き手に注意喚起することである．例えば，「今お手元にある資料は，プレゼンが始まるまで開かないようお願いします」や「資料は前のスライドに合わせてご参照ください．大事なポイントは口で説明しますので，先に資料を読み進んで，うっかり聞き逃さないようにしてくださいね」など，発表者が聞き手に"釘を刺す"のである．

何気ない一言ではあるが，これは聞き手の「聞く態勢/意識」を整える上で，かなり効果がある．ただし，これらの注意喚起はあくまでも"さりげなく"なされるべきであって，強制や命令調にならないよう気をつけなければならない．

以上，プレゼンで用いるスライドを，資料として応用・配布する場合の問題点と対応策について述べてきた．これらを状況に応じて併用していくことも有用である．

もう1点，留意してもらいたいのが，**スライドの印刷方法**である．

例えばパワーポイントの場合，印刷の設定により1ページに1〜9枚までのスライドを配置して印刷することができる．このとき，1ページに配置するスライドの数が多くなればなるほど，当然ながら文字や図表なども縮小されることになる（ 5-9 ）．

もし，聞き手が中高年層であった場合，例えば「1ページに9スライド配置」のように，文字がかなり小さく縮小されたスライドははたして読みやすいだろうか．あるいは逆に，2〜3項目が箇条書きで記されているのみの，発表者がほとんど口頭で話すような場合に適した非常にシンプルな/少ない情報量のスライドを，わざわざ1枚に大きく印刷した資料は，聞き手にどのような印象を与えるだろうか．

さらに言えば，スクリーンでははっきり見えても，印刷すると見えにくくなる配色のスライドになっていないか，例えば明度や彩度が高いオレンジや黄色を多用していると，モノクロで印刷したときほとんど見えなくなってしまう．**スクリーンと印刷物の色の見え方の違い**にも配慮しておかなければならない．

ここまで，書類のプレゼンツールとして，レジュメ，企画書，スライドの印刷

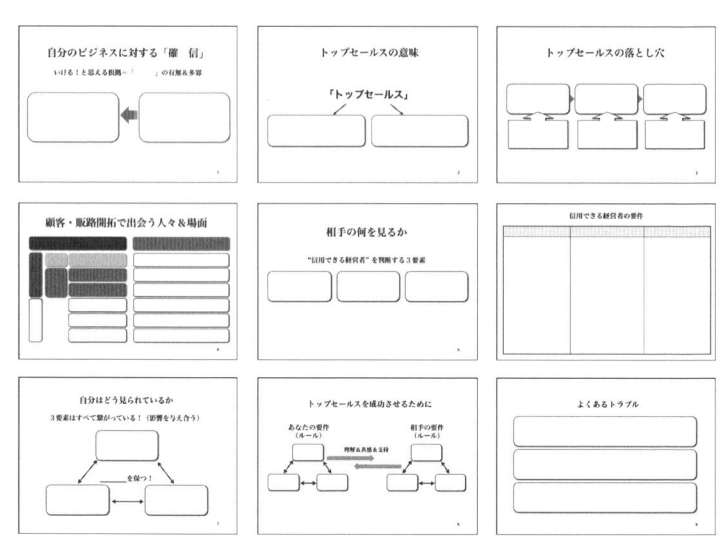

5-9 1枚に多くのスライドが配置された書類

物の使用特性についてそれぞれ述べてきた．最後にこれらの書類に共通するメリットおよびデメリットについて簡単に触れておこう．

　まず書類を使用することのメリットは，聞き手がメモを取れるという点である．もちろん，発表者が口頭のみで説明しても，主体的な聞き手であれば，自分のノートや手帳に気になったことや感じたことをメモするだろう．しかしその場合，聞き手が後でノートを見返した際に，プレゼンのどのような文脈において自分がメモをしたのか，曖昧にしか思い出せない可能性が出てくる．

　一方，プレゼンの内容がまとめられた書類が手元にあれば，その流れや文脈に対応する形で，聞き手が感じた/考えたことをメモすることができる．後で見返した際に，そのときの自分の感覚のみならず，プレゼンの情景までも思い出せる．

　さらに，聞き手は，それを自分のメモとともに「形として残る」すなわち保管できる．そのプレゼンが聞き手にとって価値があるものであればあるほど，後から何度も参照したくなる/するはずである．また，聞き手の個人的な用途以外にも，例えば研修などでは，会社の上司に報告しなければならないこともあり，報告書作成のために本人が参照することはもちろん，参加した「証拠」として資料の提出を求められることもある．

　一方，聞き手に「証拠」として残されるという点から，聞き手のメリットがま

さに反転する形で発表者には注意が求められる．つまり，もし書類にミスがあったり，不適切な表現・内容が盛り込まれていたりした場合，そのことに発表者自身が気づかなければ，後々まで間違った情報が聞き手に記憶され伝播する可能性がある．また，不適切な表現・内容があれば，その書類が人目に触れるたびに，発表者は"そのような"人物と判断され続けるだろう．したがって，配布する書類に関しては，口頭での発表以上にミスや不適切な表現・内容がないか細心の注意を払って作成しなければならない．

そして，もう1つのデメリットとしては，書類を配布する場合，プレゼン内容のボリュームや参加人数に比例して，当然ながら量がかさばること，印刷やコピーにコストがかかることが挙げられる．プレゼンが会社内で行われたり，主催者が別にいたりする場合，書類は会社や主催者側で印刷・コピーしてもらうこともできる．しかし，発表者自身が主催者で，かつ個人でプレゼンを行う場合，書類はすべて本人の負担で準備しなければならない．

そうなれば，発表者に**コスト削減の誘因**が働き，例えば先述の紙の枚数を減らすために1枚にできるだけ多くのスライドを配置する「極端に縮小されたスライド」や料金が高いカラー印刷をモノクロ印刷に変える「見えにくい配色」の書類が作成されてしまう可能性が高い．

環境に対す配慮からも，紙やインクはできるだけ無駄遣いしないことは大切だが，あまりにも「節約」しすぎて，聞き手にとって不便な書類にならないよう，使う側の立場に立って制作することが肝要である．

5.2.3 パネル

昔から，書類とともに**パネル**も一般的なプレゼンツールとして多用されてきた．パネルは聞き手1人ひとりに配布される書類とは異なり，皆で"共有"する/見るツールである．

例えば，各種展示会や研究発表会の会場などで，プレゼン内容を大型のパネルに引き延ばして掲示したり，そのそばで説明を行っていたりするだろう．これは，発表者はおらずその場に掲示するだけの「無人」のプレゼンでも，発表者が説明する「有人」のプレゼンでも，どちらでも対応可能であることを意味する．

現在では各種プレゼンソフトやデジタル機材の充実により，パネルからプロジェクターによるスライド画像や映像を投影することもある．しかし，無人，有

人いずれにしても，上記ツールにはないメリットがいくつかある．

パネルは，デジタル機材に比べて設置プロセスが単純だということである．有人の場合は，パネルを発表者の立ち位置に合わせて，聞き手から見やすい位置に設置するだけで良い．また，無人の場合もイーゼルや壁にかかるためのフックや紐(ひも)などがあれば掲示可能である．

5-10 パネル展示

パネルはモノそのものとして確認できるため，プレゼンソフトのデータのような，パソコンやUSBへの入れ忘れ/間違いを起こしにくい．そして，スクリーンに投影されるスライドと異なり経時性をもたない．同ツールが基本的には順を追って，1画面に1スライドずつしか映し出せないのに対して，パネルは，1度にすべてを並置することができる（ 5-10 ）．

このメリットは，特に無人の会場で掲示する場合に顕著である．すなわち，無人の会場でスライドをスクリーンに投影した場合，スライド1枚だけであれば鑑賞する上で特に問題はない．しかし，複数のスライドを投影する場合，その切り替えは自動設定にせざるを得ず，そうなると鑑賞者は自分のペースで見ることができなくなる．

つまり，鑑賞者は同スライドが全部でどの程度あるのか，また，見終わるまでにどのぐらいの時間がかかるのか見当がつかず，途中で立ち去ってしまう可能性が出てくる．これは，スライドだけでなく「動画」を流す場合も同様である．

一方，パネルであれば，その場にすべて掲示できるため，鑑賞者は，プレゼン内容がどの程度のボリュームなのか一目でわかり，全体をざっと把握した上で，関心のある項目を中心に見てみるなど，**自分のペースで鑑賞**することができる．以上が，投影されたスライドに対するパネルの主なメリットである．

次に，デメリットとしては，聞き手や鑑賞者に対する見やすさ/読みやすさをその場で調整することが難しい点が挙げられる．例えば，有人の場合，発表者や

パネルの目の前にいる聞き手はそこに何が書かれているかを確認することができるが，そこから距離が離れれば離れるほどパネルの文字や写真は見づらくなる．

プレゼンソフトであれば，現場の様子を見ながら，プロジェクターの操作によって，会場の後ろにいる聞き手にも十分見やすい大きさまで画面を調整できる場合も多い．しかし，パネルでは，後ろにいる聞き手が見づらいことがわかったとしても，当然ながらその文字や写真の大きさを変えることはできない．

一方，無人の場合はパネルが見やすい/読みやすい距離まで，鑑賞者がタイミングも含めて自由に近づけるため，有人の場合ほど問題にはならない．しかし，鑑賞者の目線より高い掲示や掲示面まで何らかの立入り制限がある場合，その状況でも十分見える/読める大きさの文字，写真をパネルに配置する必要がある．

有人あるいは無人のいずれにしても，事前に会場の大きさや参加人数，掲示場所などを把握し，パネルは聞き手や鑑賞者からの距離を考慮して，きちんと写真や文字などが見える/読めるようデザインすることが肝要である．

以上，パネルのメリット・デメリットについて述べてきた．同ツールの本質は，無人での掲示を前提にして，「発表者がその場で解説しなくても，それ自体でプレゼン内容が理解できる」ようにするべきだということである．つまり，前述のプレゼンソフトやレジュメのように，発表者の発表が主で，ツールがそれを補完するのではなく，企画書と同じように，**ツールそれ自体で完結しておくことが望ましい**．

さらに言えば，1人ひとりに配布され，各自で後からでもじっくり読み込める企画書と異なり，パネルはその場・その時間帯に皆で"共有"されるものである．したがって，他の鑑賞者に遠慮して，その場から早く立ち去らねばならないと思う鑑賞者の存在も考慮して，要点が一目でわかるように企画書よりもさらに記載する情報を絞り込みデザインを洗練させる必要がある．

5.2.4 模　型

模型も，先述のパネルと同じように，有人あるいは無人どちらのプレゼン場面でも活用されるツールである．例えば携帯電話の販売店では，必ず店頭に新機種や定番機種の商品模型を展示している．消費者はその模型を手にとって，自分が気になる商品の大きさや重さ，素材，操作性を確認し，購入する際の参考にする．

また，歴史資料館や博物館などでは，歴史的建造物の模型や町全体のジオラマ

5-11 建築模型

が展示されており，来館者はいわば"鳥の目"でそれらを俯瞰するこができる．

さらに，究極の模型ともいえるのが住宅展示場であり，ここでは実際の商品である住宅と全く同じスケール，素材で家が建設され，来場者はその家での生活を"体感"することができる．

このように，模型の本質は，機械や建築物のような「立体物」の素材や形状・構造・空間を確認するものである．作り方によっては視覚のみならず，手触りなどの触覚も含めた実際の使用感覚も模擬的に体験できる．

さらに，例えば，先述の建築模型やジオラマのように，普通では見ることができない視点で，対象を眺められるという利点がある（**5-11**）．

以上から，模型は"使用感"や"特殊な視点"の獲得を可能にするが，これは言い換えれば「対象を確認する手間や時間をできるだけ省いている」とも言える．

例えば，機械や建築物などの立体物をスライドやパネルなどの「平面」（2次元）で伝えようとするならば，その対象物を様々な角度から切り取った形で，"一面ずつ"表現しなければならない．しかし，その立体物の形状・構造・空間が複雑であればあるほど，比例して"切り取る面"，すなわち，写真やイラストの数も増やさざるを得ない．つまり，平面表現では，鑑賞者がなるべく理解できるよう，"ツールのほうで"立体物を捕らえる視点を変えなければならないが，模型であれば"鑑賞者自身が"自由に視点を変えることができるため，「確認に手間がかからない」のである．

一方，模型活用のデメリットとしては，ゼロから作ろうとするとその製作に専門的な技術やノウハウを要すること，したがって，かなり高い製作コストが発生してしまう点が挙げられる．例えば模型製作を外部の専門業者に依頼した場合，製作過程における種々の打ち合わせ・確認作業にかかる時間・労力も含めると，投入されるコストは決して馬鹿にならない．もちろん，建築デザイナーや実際に製品の開発・試作に携わっている人間であれば，自分で模型を製作できるだろう．というより，むしろ製作できなければならない．

上記の製作コスト節約の観点から，"素人"が模型を作ってしまった場合はど

うなるだろうか．

　言うまでもないが，完成度の低い"稚拙"な模型は，模型だけでなく，実際の製品に対しても稚拙な印象を与えかねない．模型はあくまでも，**実物の良さをできるだけ現実に近い形で伝える**ためのツールであり，"逆作用"を起こすぐらいならば，製作しないほうがましと言える．したがって，プレゼンで模型を使用するのであれば，それなりの費用と手間をかけて，完成度の高いものを製作・展示することが肝要である．

5.2.5 動　画

　これまで解説してきた，スライドや書類，パネルなどの平面的なツールは基本的には文字や図表，イラストなどを配置した「静止画」を投影したり，印刷したりしている．スライドはアニメーション機能が使えるとはいえ，そこに主眼は置かれない．そこで，**動画を活用する**のも1つの方法である．

　動画を使うメリットは，スライドや書類を読んだり，そばで発表者の解説を聞いたりするのに比べ，直感的に理解しやすい点が挙げられる．例えば，「スライドを発表者が解説する」場合，「見る・読む」行為と「聞く」行為が分離しているために，聞き手の意識もそれぞれに偏る危険性がある．

　また，発表者による口頭のみの解説であれば「聞く」行為が主になるため，意識は集中させやすいが，情報が「発表者の声と姿」に限定されることから，プレゼン内容を"イメージ"する手がかりが乏しくなってしまう．しかし，動画の場合は，その中に映像・台詞・ナレーション・効果音・音楽などすべてを盛り込むことができ，**情報の充実化および一体化を可能にする**（ 5-12 ）．

5-12 動画の活用

例えば，ある製品の製造プロセスを紹介する場合，他のツールであれば，そのプロセス全体を，あるいは各段階を言葉や文章・図表・イラスト・写真などで表現しなければならない．この場合，製造場面や情景を"そのまま"再現し伝えることは，ほぼ不可能である．

一方，ビデオ撮影された動画であれば，製造機械やそれを操作する人間の姿勢や表情の動き，発生する機械音を含めて，原材料投入から製品完成までのプロセスに関わる視覚・聴覚情報を，ほぼそのままの形で再現できる．

そして，例えば後からナレーションを入れ，ストーリー仕立てにして紹介すれば，より一層，視聴者の興味・関心を高める動画が完成するだろう．

上記は，動画を通じてプレゼン情報を充実させているとともに，視覚・聴覚情報をまとめて伝えているという意味で，情報を一体化していると言える．したがって，動画は他のプレゼンツールや表現方法に比べ，聞き手や鑑賞者における「意識の集中」と「内容の理解」を容易にしやすいと考えられる．

このように，動画というツールそのものがもっている，情報の豊かさや伝える力を考えると，同ツールは発表者がいない無人のプレゼンにおいて，「発表者の解説の代わり」として効力を発揮する．しかし，発表者がいる場合も，例えば最初はスライドで解説し，途中で動画を流し，またスライドに戻るといった構成にすると，プレゼン全体の流れに"メリハリ"をつけることができ効果的である．このメリハリは，動画がもつある種の臨場感によって生み出されると言えよう．

一方，動画のデメリットについては，とりわけ凝った動画を作ろうとすれば，模型製作と同様に高度な専門知識・技術が必要となることから，外注費などを含め制作コストが高くなる点が挙げられる．この場合の専門知識・技術にはビデオカメラや照明など，撮影用機材の「操作技術」のみならず，テレビ番組に見るような**動画の「構成・演出・編集」**，つまりカメラのアングル・テロップ・ナレーション・効果音・BGMなどの選定から挿入のタイミングまで緻密に検討しておくことも含まれる．

もし，上記の「構成・演出・編集」がなされていない動画をそのまま流すとどうなるだろうか．そこには，カメラレンズの範囲内で現実の情景をすべて映し取っているがゆえに，画面には"雑多な"情報が溢れかえり，視聴者はその画面の何/どこに意識を向ければ良いのかわからなくなってしまうだろう．したがって，どんなに短い動画であっても，発表者の意図が明確に伝わるよう，「構成・演出・

編集」は緻密かつ慎重になされるべきである．

　また，昨今ではユーチューブなどの動画紹介サイトで様々な動画がアップロードされており，プレゼンのテーマや内容によっては，それら既存の動画を活用することも1つの方法である．しかし上記動画の中には，著作権上違法なものや，使用において種々の制約を設けているものもあることから，十分慎重に取り扱わなければならない．これらは，他のツール作成においても同様である．

5.2.6　記録板

　ここでは，黒板やホワイトボードなどの**記録板**の使用特性について述べる．小中高校の授業や大学の講義も一種のプレゼンと考えるならば，黒板やホワイトボードなどの記録板は，我々が長年学校教育/生活の中で親しんできた最も馴染み深いプレゼンツールであると言えるだろう．

　これらの記録板を使用するメリットは，まずその場で発表者が考えたり思いついたりしたことや聞き手の意見を，すぐに記録できるという「即応性の高さ」にある（ 5-13 ）．

　例えば基本的にはスライドや書類を用いてプレゼンしていたとしても，説明途中で急にアイデアが閃いたり，補足事項が発生したりすることはよくあることである．そんなとき，近くに記録板があればそれを使って，聞き手全員にわかりやすく，"間違いない"形で提示することができる．一方，もし上記のアイデアや補足事項を口頭のみで説明すれば，人によっては聞き間違えたりイメージがうまく伝わらない可能性が出てくる．

　また，授業や講義で記録板のみを用いる場合，上記とは異なり，講師や教員などの発表者はその場で思いついたことを記すというより，事前に用意したメモやノートなどを参考にして板書する場合も多いだろう．しかし，その場の思いつきを書くにしろ，事前に用意された内容を書くにしろ，聞き手は，その内容に関して"実際に書かれるまでわからない状態"に置かれることに変わりはない．この

5-13　記録板の活用

聞き手に対する，次に何が起きるかわからない，ある種の**予測不可能性**は，発表内容に対する期待感や注意・関心を高めるだろう．

また，「その場で書く」という行為・動作は，それ自体が「書くべき価値がある内容」であると少なくとも発表者は考えていることを聞き手にアピールするシグナルにもなる．基本的に「板書されたものは書き写す．そして覚える」という教育を長年受けてきた我々にとって，発表者が板書を始めれば，"重要事項のシグナル"として半ば"自動的"にメモしてしまうことも少なくない．

そして，次のメリットは，「手書きの文字」を通じて，発表者の気持ちや性格が伝わる点が挙げられる．例えば，発表者が説明している途中でアイデアが閃き，忘れないように急いでそれを板書した場合，丁寧ではないかもしれないが，書かれた文字にスピード感や勢いが出てくるだろう．その文字を見て，聞き手は発表者の活き活きとした思考状態を感じ取るのである．このように文字から発表者の"人となり"が伝われば，聞き手も相手に対して自ずと親近感を抱くようになるだろう．

最後に，記録板の発表者や聞き手の意見をすぐに書き留められるという点に注目すれば，即応性の高さもさることながら，**お互いの双方向性を高める**上でも有用なツールであると言える．例えば，発表者が聞き手に何か質問を投げかけ，その答えを記録板に書き留める場面は多々ある．

このとき，発表者にとっては"単なるメモ"であったとしても，答えた人間からすれば「自分の発言が皆に見える形で記録・提示された」ことになり，「自分の意見が重視され，大切に扱われた」と感じられることから，少なからず満足感を覚えることだろう．このことは，聞き手という立場でありながら，発表者とその場で"直にやりとりできた"という満足感とともに，そのプレゼンに対してさらに**コミットメントを深める**きっかけになるだろう．

また，上記のやりとりは，答えた聞き手だけでなく，他の聞き手に対しても，「次は自分の番かもしれない」「自分だったらどう答えるだろうか」といった"良い"緊張感をもたらし臨場感あふれる印象を与えることだろう．

ただし，聞き手と双方向的なやりとりを行う場合，発表者が想定していない答え，あるいは間違った答えが返ってきたとしても，それを揶揄したり責めたりするのは決して好ましいことではない．そのような態度を取れば，答えた当人が恥ずかしくなるのはもちろんのこと，深刻な場合，プライドを傷つけられたと憤慨

したり，恐怖を感じたりすることもある．そのような状況・心情に一旦陥ると，当人はなかなか立ち直ることができず，その後のプレゼンに対する理解力やコミットメントが大幅に落ちる危険性がある．また，間違えた当人だけでなく，他の聞き手も発表者に対して不快な印象や警戒感を抱いてしまうだろう．この問題はもちろん記録板を用いたプレゼンだけでなく，どのような状況においても配慮されるべきである．

そして，記録板のデメリットとしては，コピー機能がついたものは別として，「基本的に記録は消えて/消されてしまう」ことが挙げられる．すなわち，その記録を後で参照/保存したいのであれば，聞き手もメモを取らなければならない．

したがって，発表者は聞き手のメモを取るペースに配慮しながら，板書をしていく必要がある．その際，聞き手に対して書き終わったかどうかを一声かけて確認すると，書けていない人は答えやすくなり，発表者も進行状況をより正確につかむことができる．

もう1つのデメリットは，「書く」という行為自体に時間がかかることである．文字は丁寧に書くほど時間がかかる．板書時間を"短縮"するためにも，発表者は"立派"な文字を書く必要はなく，最低限読める文字を書けばよい．また，訓練すれば，ある程度「話しながら書ける」ようになるが，多くの場合，発表者は板書に意識が集中するあまり，その間無言になってしまう．聞き手も板書と平行してメモを取っていくが，あまりにもその無言の作業時間が長いと，そのプレゼンは単調で退屈なものになってしまう．したがって，発表者は話す時間と書く時間のバランスに注意してプレゼンを構成することが肝要である．

その他の留意点としては，チョークやマーカーなどは読みやすい色を使うこと，例えば，ピンクのチョークで書かれた黒板の「文字」は遠目では読みにくいので内容によって適度に色分けすること，具体的には基本は白いチョークで書き，重要な文・語句は黄色で書く，あるいはピンクの下線を引くなどの工夫が挙げられる．

そして，これはホワイトボードの活用でよく見られる問題だが，発表者が板書する段になって，なぜかマーカーのインクが切れていることが多い．このような事態に陥らないよう，会場に入ったらすぐにマーカーのインクの出具合を確かめ，不備があれば新しいものに変えてもらうようにしておきたい．

5.2.7 模造紙

　最後に**模造紙**についても触れておく．現在では，"事前に"模造紙に内容をまとめてプレゼンに臨むことはあまり多くない．なぜなら模造紙は基本的に"手書き"するツールであり，その作業自体に多くの労力を要するからである．

　各種デジタル機材が普及していなかった時代には，事前に完成させた模造紙でプレゼンすることもあっただろうが，今では，プレゼンソフトを活用する場合が圧倒的に多い．特に，フォーマルなプレゼンになればなるほど，その傾向は高まる．

　また，たとえデジタル機材が使用できない場合であっても，"見栄え"や"堅牢性"の観点から，模造紙よりはパネルを活用することが多い．しかし，記録板の代わりとしてプレゼンの最中に書き込んだり，授業や研修などの「グループ実習」の中で，"その場で"意見をまとめて発表したりする場合に，模造紙を活用することがしばしばある．

　この場合の模造紙のメリットは，記録版と異なり「記録が残る」ことが挙げられる．準備も簡単でコストもあまりかからない．そして，最も大きな利点は，例えばグループ実習の発表などでは，模造紙の制作プロセスそのものが，その**グループメンバーの学び**になる点である．なぜなら，1枚の大きな模造紙を時間内で効率/効果的に仕上げていくためには，情報や意見の集約・表現方法，レイアウトのバランス，実際に文字を書く人や色を塗る人の役割分担などを，"皆で集中的に話し合って決める"必要があるからである．

　この話し合いの中で，お互いのアイデアや知見がやりとりされ，その実習や課題内容，ひいてはプレゼンそのものに対する理解がより深まるのである．このようなプロセスを経て制作されたツールは，制作者や発表者にある種の達成感をもたらし，プレゼンにも自ずと力が入ることになる（ 5-14 ）．

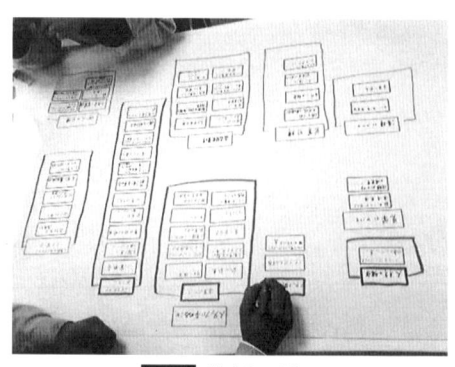

5-14　模造紙の活用

また，模造紙は記録板に比べて，様々なものを切り貼りできることから，よりアナログ感が，すなわち"手作りの温かみ"が伝わるツールと言える．したがって，聞き手が子供である場合や"温かみ"を演出したい場合には，あえて模造紙でプレゼンしてみるのも1つの方法である．

　一方，模造紙のデメリットについては，失敗すると1からやり直しになる点が挙げられる．パソコンで種々のツールを制作する場合，失敗しても画面上で何度でもやり直せるが，模造紙に手書きする場合は，1箇所でも間違えると，すべて最初から書き直さねばならない．また，間違えないようにするには，鉛筆で下書きし，ペンで丁寧になぞっていかねばならないため結構な労力を要する．ごく小さな範囲のミスならば修正ペンでも対応できるが，模造紙に書かれる文字は比較的大きいため，修正もなかなか大変である．苦肉の策として，間違った箇所に上から紙を貼る例も見られるが，これは何とも"格好悪い"ものである．

　次に，上記の問題とも関連するが，「手書き」の場合は，文字やイラストの巧拙が如実に表れるため，書き手にはかなりプレッシャーがかかることが挙げられる．特に自分の文字やイラストに自信がない人は，最初から書くことを遠慮/放棄してしまい，そのことが，本人や他のメンバーのコミットメントや"やる気"を弱める可能性もある．

　上記に比べればさほど大きな問題ではないが，模造紙は大きいため，丸めて筒状にしても保管に場所を取られること，またその薄さからシワになりやすく，破損しやすい点がデメリットとして挙げられる．

　以上，本節では，様々なプレゼンツールとその使用特性について詳しく述べてきた．ツールには，大きく分けてパソコンやプレゼンソフトなどのIT機器を活用する"デジタル"なものと，手で書いたり，モノを作ったりする"アナログ"なものがあり，どちらも使い勝手の良い面，悪い面があることが理解できたと思う．

　上記を踏まえて，プレゼンの「内容」「聞き手」「環境」に最も適したプレゼンツールを選択することを心がけてほしい．

> **practice**
> 　あなたが小学校1年生に，「日本の自然」というテーマでプレゼンを行うとしたら，どんな環境で，どのようなプレゼンツールを使って説明しますか．

6 プレゼンに効果的な情報のビジュアル化

前章では，プレゼンツールの選択と使用特性について，様々な観点から述べてきた．その主眼は各ツールの本質やメリット・デメリットを理解した上で，聞き手や鑑賞者にプレゼン内容が最もよく伝わるよう，情報を取捨選択/整理し，提示していくことであった．

本章では，上記を踏まえて聞き手や鑑賞者の興味を引き，より理解を深めるような情報整理/提示の仕方について，**情報のビジュアル化**の観点から具体的に述べていく．「情報のビジュアル化」とは，端的に言えば，視覚・聴覚・味覚・嗅覚・触覚などの五感から得た情報や思考そのものを，「目で見て直感的に理解できるようにすること」すなわち，「視覚的に表現」することである．

以下，情報をビジュアル化するための基本的な切り口について簡単に紹介する．そして，昨今多くの場面で活用されているパワーポイントのスライドを題材にして，ツール作成における効果的な文字の使い方や配色およびレイアウトのポイントについて述べてみよう．

6.1 情報をビジュアル化するための切り口

本節では，情報をビジュアル化するための切り口として，各種プレゼンツールで目にすることが多い，「シンボルマーク・アイコン」「キャラクター」「写真」「イラストレーション」「グラフ」「地図」「構成図」「関係図」「プロセス図」を取り上げ，その特性や活用場面，作成方法などについて簡単に解説してみよう．

6.1.1 シンボルマーク・アイコン

シンボルマークは，企業や団体などの組織を表すマークとして活用されており，組織の理念や与えたいイメージを，動植物をモチーフにしたり，抽象的な形あるいは文字の一部や変形させたものを組み合わせたりして図案化したものである．本章では，議論を簡潔にするために，「ロゴマーク」や「ロゴタイプ」もすべてシンボルマークの中に含めて論じる．

6.1 情報をビジュアル化するための切り口

例えば，著者は「D＆M SOLUTION」という屋号で経営コンサルティングを行っているが，活動に際して一番に考えたのが 6-1 のシンボルマークである．同マークは，「コンサルタント（著者自身）」と「クライアント（企業経営者）」を縁起が良いとされる2匹の「昇り龍」

6-1 動物と文字を組み合わせたシンボルマーク

にそれぞれ見立てて，2人で「ビジネスの諸問題について，デザイン（構想力）とマネジメント（経営力）を通じて解決する」という理念を表している．

　上記の**組織の存在/意義をビジュアル（図案）で伝える**という観点から，シンボルマークは組織の名刺や封筒，ユニフォームや広告物など，様々なツールに表示されるのが一般的な使われ方である．このようにシンボルマークが様々なツールに表示され，広範囲に，かつ多くの人の目に触れるほど組織の認知度は高まり，シンボルマークという「ビジュアル」が発する特定のイメージが人々の意識に刷り込まれていく．

　その結果，正式名称を確認せずとも，そのマークを見ただけでどこの組織か想起され，他組織と識別できるようになる．このような特性から，シンボルマークは組織だけでなく商品やサービスの「商標」としても大いに活用されており，**企業や商品のブランド化に一役買っているのである**．

　プレゼンにおけるシンボルマークの活用はプレゼンの「主体者」は誰/どこか，また，どの/どんな商品について論じようとしているのかを直感的に理解させるのに役立つ．さらに，その組織や商品が有名でブランド力があればあるほど，聞き手は"馴染みのある"シンボルマークを目にすることで，ある種の信頼感や親近感を覚え，プレゼンに対する期待感を高めていく．

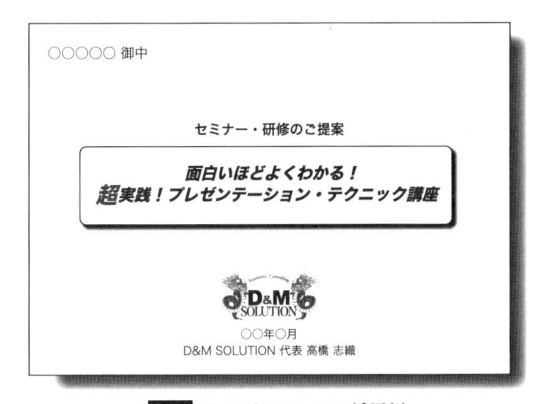

6-2 シンボルマークの活用例

これらの効果を得るためには，**6-2** のように，企画書の表紙やプレゼンソフトのタイトルスライドなどに，前述の著者の屋号に相当する発表者の所属組織のシンボルマークを入れたり，タイトル/表紙以降のスライドやページのヘッダーあるいはフッターにマークを表示したりする方法が有効である．

また，シンボルマークと同じく図案による直感的な理解を促すものとして**アイコン**が挙げられる．

アイコンは，主にパソコンその他 IT 機器の画面に表示される種々のアプリケーションソフトや，天気予報の「晴れマーク」のように，**ある機能や事象を図案化**したものである．著者はプレゼンの講義を行う際，その構成要素である「人」「ツール」「時間」「場所」をアイコン化し，受講者に直感的な理解を促すよう工夫している（**6-3**）．

6-3 アイコンの活用

このように，アイコンもシンボルマークと同様，プレゼンツールを作成する上で有効に活用していくべきである．

6.1.2 キャラクター

キャラクターもシンボルマークと同様に，企業や団体，商品などのイメージを伝えるものであるが，マークと大きく異なるのは，そこに**「人格」**が与えられていることである．キャラクターは人も含む動植物や架空の生物，時には無機物をもモチーフにして制作されるが，そこにはおしなべて「顔」が描かれている．

我々は，喜怒哀楽を表現するキャラクターの「顔」（人格）を通じて，組織あるいは商品がもつイメージや発するメッセージを"親しみをもって"受け止め，理解する．つまり，キャラクターは組織や商品の「広告塔」や「代弁者」として機能し，見る者に**感情移入**させることを可能にする．

キャラクターの活用については，オリジナルで制作するのはもちろんのこと，

有名な漫画・アニメの主人公や，芸能人など，現実の人間をキャラクターに登用する例もあり様々である．

以上の特性から，プレゼンについてもキャラクターを効果的に使うことができる．例えば，企業のプレゼンであれば，消費者に長年親しまれてきた自社のキャラクターを縫いぐるみで登場させたり，ツールに印刷したりすることで，よりその"企業らしさ"を印象付けることができる．

また，プレゼンの内容が専門的で難しい印象を与えてしまいそうな場合，6-4 のように，キャラクターをナビゲーター役にして，台詞調の解説を加えれば，聞き手も随分"とっつきやすく"なるだろう．

同様に，聞き手が子供であるなど，そのプレゼンに対する興味の度合いが必ずしも高くない／わからないと思われる場合かわいいキャラクターを用いて，注意を引きつけるのも１つの方法である．

6-4 キャラクターの活用例

このようにキャラクターには様々な使い方があるが，オリジナルでない漫画・アニメのキャラクターの使用に際しては，著作権上の問題に十分配慮・対応しなければならない．

6.1.3 写 真

写真は，対象をありのままに写し出すという意味で，最も説得力のあるビジュアルを提供する．例えば，ある料理の"美味しさ"についてプレゼンする場合，味や歯ごたえ，香りなどは「蜂蜜のほのかな甘み」や「表面はカリッとしていて中はふんわり」「キャラメルソースの香ばしい香り」など，言葉で伝えるほうがイメージしやすいかもしれない．

しかし，人間は言葉だけでなく，視覚からも大いに刺激を受け，その料理の味わいを想像することができる．その際，後述する「イラストレーション」で料理のビジュアルを表現するのも１つの方法であるが，写真を使えば，例えば肉料理であれば，表面の焦げ目に肉汁が染み出し，油が鉄板の上ではねているような臨場感，すなわちその料理がもつ"シズル感"をストレートに伝えることができる

6-5 シズル感のある写真

(6-5).

　リアリティを伝えるという意味では，料理だけでなく，人物や風景，人工物など，あらゆるものが撮影対象となる．このように写真は"ありのままの現実"を写す一方で，人物の"精神性"や車などの「人工物」の"格好良さ"など，その対象の内面的あるいは本質的な魅力をも表現することが可能である．

　昨今は比較的安価で機能も充実したカメラが出回っていることから，誰でも"それなり"の写真を撮ることができるようになったが，上述の内面的/本質的な魅力までも表現しようとするならば，かなり本格的な撮影知識・技術を習得しておかなければならない．したがって，特に高額なものや取引規模の大きな新商品のプレゼンなどでは「プロ」に頼んで，クライアントや顧客の購買意欲が高まるような，魅力的な写真を撮影してもらうことも検討するべきである．

　反対に，例えば発表者が自己紹介する際には，あえて生活感あふれる計算されていないスナップ写真を使って親しみやすさを演出するのも1つの方法である．

6.1.4　イラストレーション

　イラストレーションは，昔は水彩絵の具やアクリルガッシュ，色鉛筆などの画材やエアーブラシなどの器具を使って手描きで制作されていたが，昨今はいわゆる「CG（コンピュータグラフィックス）」として，パソコンで制作される場合も多い．

　イラストを用いることの最も大きなメリットは，「**実在しないモノ/コトを自由に表現できる**」こと，そして，様々な技法により，**多彩な表現が可能になる**ことが挙げられる．

　例えば，「龍」をビジュアル化しようとすれば，それは現実に存在しないため，イラストレーションで表現せざるを得ないだろう．しかし，同じ龍を描いても，6-6 のように，その表現は多種多様である．

　Aの龍は，CGによって鱗（うろこ）や髭（ひげ），かぎ爪などにしっかりと陰影がつけられ，立体的かつ迫力あふれる表現になっている．また，Bは線のみのシンプルな構成で，

A   B

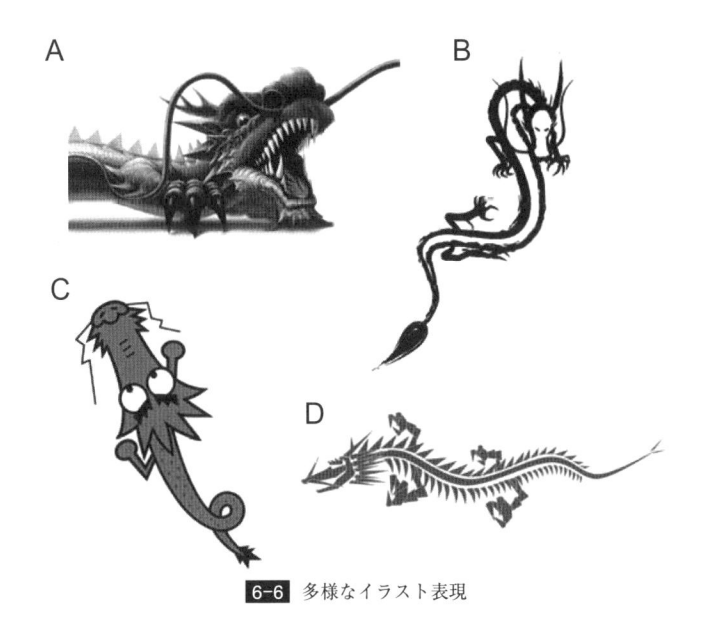

C

D

6-6 多様なイラスト表現

墨を使って一気に描かれていることから勢いが感じられる．Cは，漫画的な表現になっており，丸いこぶしとユーモラスな表情からあまり怖くなさそうな印象を与えている．Dは，龍の顔や体を幾何学形態で表現していることから，「生き物」というよりは，折り紙や何かの模様のように見える．

　このようにイラストレーションは，様々な手法や技術によって，リアル（緻密）な表現から漫画的（ラフ）な表現まで，そして，水墨画やアールヌーボーの絵画のように国の文化や歴史を感じさせるような"テイスト"を，多彩に表現することができる．これにより，見る者に直感的理解を促すだけでなく，時には驚きや感動をももたらすのである．

　プレゼンでは，上記の「実在しないものの表現」という観点から，例えば，事前に写真撮影が不可能な建物の「完成予想図」や，シーズンごとに決められたテーマやコンセプトのもとで提案される「ファッション画」をイラストレーションで効果的に伝えている例をよく目にするだろう．

　イラストレーションの活用は，商品開発やプロジェクトを進めるために，事前にイメージをつかませ，コンセンサスを得る上で有効である．その場合，発表者がその場でメモのように図示する場合は別として，フォーマルなプレゼンや商談

を左右するようなビジネスプレゼンでは，プロのイラストレーターやデザイナーに"質の高い"イラストを作成してもらうことが多い．

上記のように，プロに依頼する際には，イラストのテイストやイメージについて，提案者とイラストレーターの間で"食い違い"が起きないよう，しっかり話し合うことが重要である．

6.1.5 グラフ

グラフは授業や仕事で作成したり，新聞や雑誌，テレビなどで目にしたりする機会が多いことから，我々にとって最も馴染みのある切り口である．

グラフには，一般的によく使われる「棒グラフ」や「折れ線グラフ」「円グラフ」「レーダーチャート」「散布図」などの他，様々な種類がある．いずれも「統計」すなわち「集団における個々の要素の分布を調べ，その集団の傾向・性質などを数量的に統一的に明らかにすること．また，その結果として得られた数値」(『広辞苑』第 5 版より引用) を，視覚的/直感的に把握するためのものである．

例えば，ある年の A 町における年代別・性別分布を，6-7 のように棒グラフで伝える場合と，6-8 のように"数字のみ"で伝える場合とでは，明らかに前者のほうがイメージしやすいだろう．なぜなら，棒グラフでは，人口の多寡が棒の"高低"で表現され，各年代あるいはすべての年代を通じた男女の人口数の多寡/差や推移を，"一目"で把握し比較することができるからである．

一方，「表」では，数字が羅列されているだけなので，例えばある年代における男女の人口数を比較したい場合は，一旦頭の中で計算し，「男性/女性が何人多い」あるいは全体数に対して「男性/女性が〇%」など，「数字」で把握しなければならない．表の数字はいずれも 4～5 桁なので，これを頭の中だけで計算しようとするのは，なかなか難しいだろう．

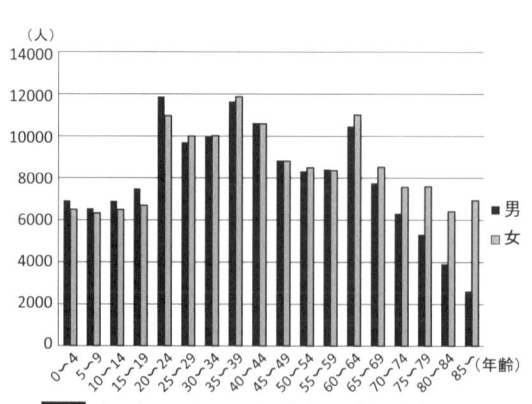

6-7 ある年の A 町における年代別・性別分布グラフ

また，とりわけ全年代を通じた人口の推移を把握するにあたっては，"数字の羅列"は計算結果を参照したとしても，視覚的に非常にイメージしづらいと思われる．もちろん，統計を数字できちんと把握することも重要だが，プレゼンの場においては，限られた時間内で，このような「計算」を聞き手に求めるのは非常に不親切である．さらに言えば，聞き手の中には，このような数字や計算が苦手な人もいるかもしれず，そのデータから発表者が訴えたいメッセージが正確に伝わらない可能性さえある．したがって，プレゼンでは，統計は表だけでなく出来る限りグラフ化したものも併せて提示し，聞き手が直感的に理解できるようにしておきたい．

年齢	男	女
0〜4	6925	6496
5〜9	6552	6334
10〜14	6905	6492
15〜19	7497	6693
20〜24	11881	10968
25〜29	9716	10001
30〜34	9986	10024
35〜39	11651	11870
40〜44	10627	10590
45〜49	8850	8819
50〜54	8341	8511
55〜59	8427	8368
60〜64	10472	11009
65〜69	7759	8538
70〜74	6320	7566
75〜79	5321	7596
80〜84	3919	6415
85〜	2631	6931

6-8 ある年のA町における年代別・性別分布表

昨今は，プレゼンテーションソフトも含め，様々な書類作成ソフトで簡単にグラフが作成できるようになった．また，ソフトによっては，同じ棒グラフでも，影をつけたり立体的に表せたりするなど，ビジュアル面でもかなり凝った表現が可能になってきているため，これらの機能は有効に活用すべきである．

また，当然ながら同じデータでも，棒グラフが良いのか円グラフが良いのかなど，グラフの種類自体，しっかり検討・選定しなければならないのは言うまでもない．

6.1.6 地図

地図もまた，情報をビジュアル化する上で有用な切り口である．地図には，日本地図や世界地図，住宅地図，観光マップなど様々なものがある．いずれにしても，"見知らぬ土地"や"記憶が曖昧な場所"を訪ねるときなどに，その目的場所の位置を確認するために，紙媒体はもちろんのこと，インターネットやカーナビゲーションを通じて，誰しも日常的に地図を活用していることだろう．

また，テレビの天気予報では日本や世界地図をベースにした天気図が使用され

ており，その地図上にはアイコンによって様々な自然現象が示されている．この場合は，今自分が住んでいる場所や，これから出かけようとする場所の天気（現象）を知るための手がかりとして，地図が活用されているわけである．少し変わったところでは，世界の絶滅危惧種の分布や紛争地域を示す地図もある．

以上から，地図とは「縮尺された地理的範囲内に存在する事物や，起こる事象を表したもの」ということができる．先述のとおり，一般的に地図は日常生活における"道案内"のための実用的なツールとして活用されることが多いだろう．しかし，地図の面白い点は，「観光」や「天気」「絶滅危惧種」のように，あるテーマに沿った情報を地理上に集約して表現できることにある．

プレゼンにおいても，例えば，ある施設の所在地を地図で見せれば，聞き手にとって，同施設までの地理的な距離や，その周辺環境が一目で感覚的に把握できるだろう．

また，ビジネスの場で各県における商品のマーケットシェアを説明する場面があったとしよう．その際，単にシェアの数字をグラフや表にまとめるだけでなく，**6-9** のように日本地図を使って，シェア1位，2位，3位の県を色分けし，ビジュアル化するのも1つのアイデアである．

同図は，日本の地形をリアルに反映した複雑な形ではなく，幾何学的な形とし

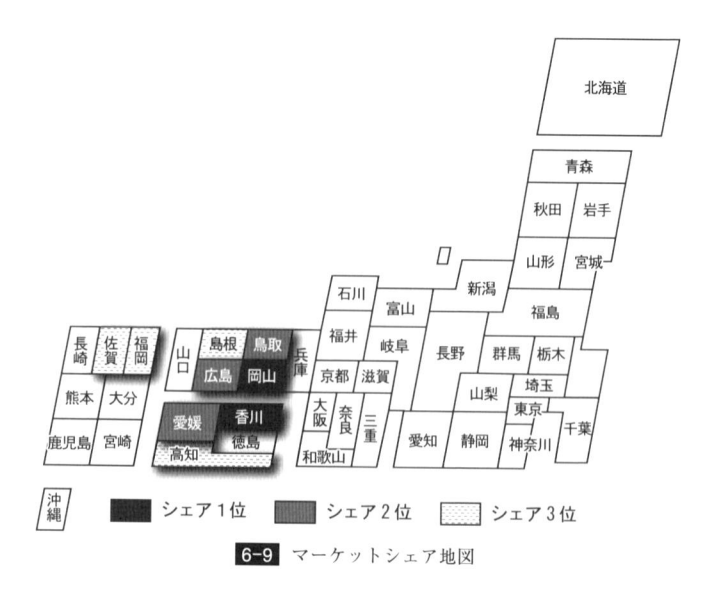

6-9 マーケットシェア地図

てかなり大胆にデフォルメしているため，現実の都道府県の位置関係とは多少異なる部分もある．しかし，一番伝えたい/知りたいのは，「シェアの高い県」すなわち，「自社にとって競争力のある地域」という情報であり，それを大掴みで把握することさえできれば，この地図の目的は果たせたことになる．

　地図の作成にあたっては，① 地図のテーマ（どのようなテーマ/情報で集約するか），② 地理的範囲（どこまでの範囲を見せるのか．ただし，上記は"想像上"の地域/地理も含む），③ 地図の形/表現（シンプルに表現するのか，極端な形にデフォルメするのか，実際の地形を忠実に再現するのかなど），④ 地図で使用する記号など（①のテーマに沿った現象や事物を表すマークなど）を，きちんと設定することが大切である．

6.1.7 構成図

　構成図とは，一言で言えば「**複数の要素を組み合わせた図**」である．例えば，企業や団体などにおける設置部門やその責任者，その他の構成メンバーを表した「組織図」や，サーバやパソコン，プリンタなどの繋がりを図示した「ネットワークシステム図」，あるいは駅や病院などの施設の案内板に示されている「フロア図」なども構成図の一種である．

　このように構成図は，組織，システム，空間など，様々なものを対象にして，その"成り立ち"（構造）を静態的に切り取った形でビジュアル化することに特徴がある．言い換えれば，構成図は，様々な要素の繋がりを総体的に捕らえる，あるいはある特定の要素が全体の中でどのような位置にあるのかを把握するための図と言えよう．

　例えば，自分の家族や親族構成について説明しなければならないとしよう．その際，文章や口頭で説明しようとすれば，どこから/どの人物から説明を始めるのか，自分と他の人々とはどのような親族関係にあるのか，上記問題をクリアにしながら，聞き手にわかりやすく伝えるには，かなりの力を要することだろう．試しに自分にとっては従伯父にあたる「母の従兄」と聞いて，読者はその親族関係をすぐに理解できるだろうか．

　一方，上記を 6-10 のような「親族構成図」を使って説明すれば，先般の「母の従兄」も図上でその位置を指し示すだけで，格段に理解が進むだろう．

　このように，複雑な構造をもつ組織やシステム，空間であればあるほど，それ

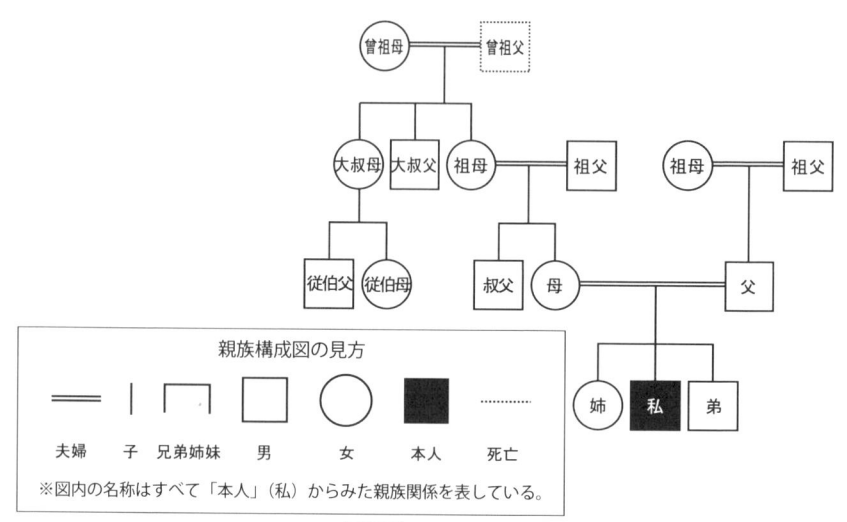

6-10 親族構成図

をビジュアルで見せる意義や効果は大きい．

ただし，構成図の作成にあたっては，① 構造の範囲（構造のどこまでを見せるのか），② 各要素の正確性（各要素の名称，機能などに間違いがないか），③ 構造全体における要素の数および位置関係の正確性，に十分注意しなければならない．

その上で，例えば先の親族構成図で言えば，単に親族の名称を表示するのではなく性別によって異なるアイコンを使ったり，父方，母方の親族を色分けしたりするなど，独自に工夫してわかりやすいビジュアルにまとめることも大切である．

6.1.8 関係図

関係図は，構成図をベースにして，同図の「要素間における原因と，それによって生じる結果（作用・影響など）を表した図」である．

例えば，先述の「親族構成図」を使って，「相手に対する発言力（＝影響力）の大きさ」という観点から，その関係性を図化してみよう（**6-11**）．すると，先般の構成図からは読み取ることができないこの家族/親族間の力関係や，最も発言力/影響力をもつ"キーマン"が見えてくるだろう．

同様に，組織図やネットワークシステム図においても，要素間でどのような現象や出来事が起きているのかを明示すれば，それは単なる構成図ではなく，関係

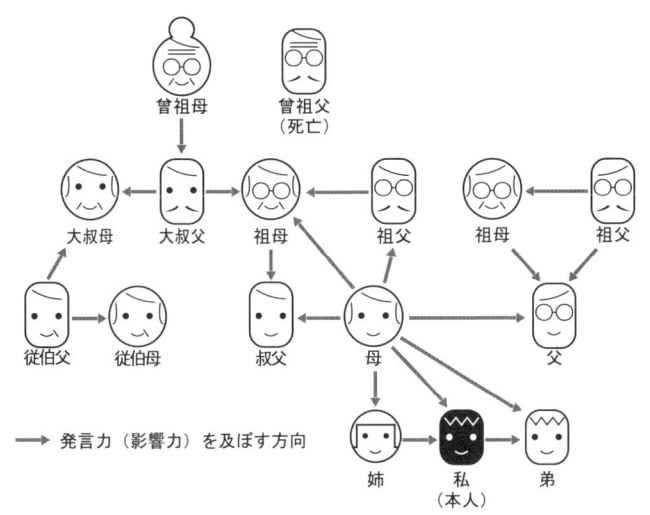

6-11 親族関係図

図としても機能するようになる．

　関係図の作成にあたっては，構成図の作成ポイントを押さえつつ，① 要素間の関係を「矢印」で表すこと，具体的には，作用・影響を及ぼす側の「原因」にあたる要素から，作用・影響を及ぼされる側の「結果」にあたる要素に向けて矢印を描くこと，② 関係図内に作用や影響の内容となる「矢印の意味」の解説，すなわち，当該関係図の**読み方のルール**を入れることが基本的な描き方となる．

　上記の問題で言えば，例えば，図の中で直線と点線など，異なる種類の線が何の説明もなく使われている図をしばしば目にすることがある．この場合，図の作成者自身は，2つの線における意味の違いについて理解しているだろうが，第三者にそれは伝わらない．この「読み方のルール」は，関係図だけでなく，先述の **6-10** のように，構成図にも当然配慮されてしかるべきである．また，グラフにおける軸や色分けの設定，地図の縮尺や方位，その他様々な図で使われるマークやアイコンなどについても同じようにルールを明示しておかなければならない．

　構成図にしても関係図にしても，ビジュアルにおける工夫の仕方やバリエーションのつけ方は，無限にあると言っても過言ではない．だからこそ，作成者は，その図に描かれている線1本まできちんと意味付けし，それが見る者に正確に伝わるよう，表示上配慮しなければならない．

6.1.9 プロセス図

プロセス図は，その名が示すとおり「物事の手順や方法，過程を表した図」である．構成図や関係図では，その構造や関係性はあくまでも，ある瞬間を切り取った形，すなわち静態的視点によって表されるのに対し，プロセス図は時間軸の"経時性"を盛り込んだ動態的視点によって表される．

プロセス図には，コンピュータのプログラムや業務の流れを示した「フローチャート」，機械や製品の「製造工程図」などがある．また，我々が日常的によく見る/利用するものでは，各種家電製品のマニュアルに記載されている「操作手順」が挙げられよう．このようにプロセス図は，様々な場面や状況において，我々の実務的な作業を助ける役割を果たしていると言える．

例えば，カレーの作り方を説明しなければならないとしよう．その際，どのように説明するだろうか．使用する野菜や肉，スパイス，包丁や鍋などの道具を説明するだけでカレーは作れるだろうか．

答えは否である．とりわけ料理初心者にとっては，何から手をつけて良いかわからないだろう．普通は材料の準備から完成までの調理工程を何段階かに分け，各段階について順を追って説明していくだろう．聞き手もこのようにカレーの作り方を「プロセス」すなわち「手順」として理解することにより，美味しいカ

① 肉・野菜・市販のカレールウを準備する

② 肉・野菜を適当な大きさに切る

③ 肉・野菜を炒める

④ 炒めた肉・野菜を水と一緒に鍋に入れて煮る　材料に火が通ったらルウを入れて溶かす

⑤ 皿にご飯とカレーを盛りつけて完成！

6-12 カレーの調理手順

レーが作れる/食べられる可能性が格段に高まっていく．

それでは，上記をプロセス図としてどのように表すべきか．これは様々な表現方法が考えられる．例えば，フローチャートのように作業内容を表す文章/言葉とそれを囲む枠および矢印の繋がりで表示することもできる．

あるいは，直感的に理解できるよう，作業内容をすべてイラストで表現し，それに番号をつけて表示する方法もあるだろう．また，現実に調理することも考えて，よりイメージしやすいよう，上記のフローチャートやイラストを組み合わせたり，調理画像を盛り込んだりすることもできる．

例えば，6-12 では，カレーの材料の準備をスタートとし，料理の完成まで含めて5工程に分けている．そして各工程では作業内容を簡単なイラストと文章で解説し，それを番号がついた下向きの矢印の枠内に組み込むことで工程の順序をより明確に表している．

このように，プロセス図も構成図や関係図と同じく，ビジュアル表現は無数にあると言える．

作成のポイントとしては，① プロセス全体の「始まり」と「終わり」の設定（先のカレーの例で言えば，「野菜を育てる」ところからスタートしても良いわけである），② プロセス全体（始まりと終わりの間）における工程の区分，③ 各工程の順序付け，を行いながら図全体における時間や物事の流れが，わかりやすく正確に伝わるようビジュアル化していくことが大切である．

6.2 プレゼンツールのデザイン

前節では，情報をビジュアル化するための様々な切り口について解説してきた．しかし上記では，各切り口の応用範囲は特定の情報のみに限られ，例えばプレゼンソフトのスライドや企画書など，プレゼンツール自体をいかにわかりやすくデザインしていくかという問題については触れていない．

以上から，本節では現在最も活用されているプレゼンソフト「パワーポイント」のスライド作成を例に取り，見やすくわかりやすいツールのデザインについて「文字」「色」「レイアウト」「ルール」の観点から解説してみよう．

6.2.1 文字の使い方

スライドを作成する際，文字の使い方で注意すべき点は，**文字の書体と大きさ**

および**文字の量**である．

　一般的によく使われる文字の書体として，**ゴシック体**と**明朝体**が挙げられる．ゴシック体は，一定の線幅で構成された文字であり，力強くかっちりとした印象を与え，遠目からの**視認性**も高い．したがって，スライドでは見出しだけでなく，本文もすべてゴシック体で統一している例も多い．

　一方，明朝体は文字を構成する横線と縦線の線幅が異なっており，文字の書き始めとなる起筆部分も独特に形作られていることから，ゴシック体に比べ繊細かつ優美な印象を与える．その"線の細さ"ゆえに，遠目からの視認性にやや欠けることは否めない．したがって，同書体は，企画書などじっくり間近で読める「書類」の本文で用いられることが多い（ 6-13 ）．

　また，上記2つの書体以外にも「丸文字」のような手描き風の文字など，様々なものがあるが，各書体の"読みやすさ"や"与える印象"を考慮せずにスライドを作成している例をしばしば目にする．

　以下，書体の使い方に問題のあるスライド作成例について解説してみよう．

力強いゴシック体　　優美な明朝体

6-13 　ゴシック体（左）と明朝体（右）

効果的な文字の使い方

・各書体の視認性（読みやすさ）を意識する。
・各書体が持つ「印象」を意識する。
・プレゼンツールに合わせて書体を使い分ける。
・見出しか本文かによって書体を使い分ける。

6-14 　すべて太いゴシック体で構成されているスライド

6-14 は，スライドの文字がすべて太いゴシック体で構成されている例である．本書では，同図はかなり縮小されたサイズで掲載されているため，"この場で見たかぎり"ではあまり文字の太さは気にならないかもしれない．

　しかし，これを実際に大きなスクリーンに投影された状態で見た場合，1文字1文字の"重量感"が増し，そのスライド内の文字数が多ければ多いほど，見る者は圧迫感を感じるだろう．また，太いゴシック体では，

ひらがなやカタカナは問題ないが，例えば「薔薇」のように画数の多い漢字は，潰れたように見えてしまうことも多々ある．

以上から，スライドをすべて太いゴシック体で構成すると，全体的に重苦しく，"くどい"印象を与えてしまうため注意が必要である．

6-15 すべて明朝体で構成されているスライド

次に，**6-15** は，先程とは反対に，スライドの文字がすべて明朝体で構成された例である．同図は，明朝体の線の細さゆえに，背景の余白部分が増え，その影響で文字の色が薄くなったように見える．

現在は紙にモノクロで印刷された状態で見ているために，比較的クリアに文字を確認できているかもしれない．

しかし，これがスクリーンに投影された状態になると，後述する背景と文字の配色や，プロジェクターの光量，画面のサイズ，聞き手との距離によって，非常に読みづらい，つまり視認性の低いスライドになる可能性がある．

以上から，特に書類ではなく，スクリーンに投影するスライドの場合は，明朝体よりはゴシック体をメインにして構成したほうが無難である．ただし，デザイン的なイメージから，どうしても明朝体を使用したい場合もあるだろう．その場合は，プレゼンソフトの書式設定で文字を太くしたり，太めの明朝体を選択したりして，少しでも視認性を高める工夫をしてほしい．

6-16 は，書体の組み合わせに"違和感"が出ている例である．

先述のとおり，「ゴシック体は力強さ」「明朝体は優美さ」「丸文字はかわいさ」など，**書体はそれぞれ独自のイメージをもつ．**

近年，パソコンでプレゼンツールや各種資料を作成することが当たり前になってきたが，それに比例して，新しい書体が次々に開発されている．このような状況の中で，我々は，ツールのデザインを格好良くしたい，他の人とは異なる雰囲気に仕上げたいなどの動機から，"ユニークな"書体を選ぶことがある．

6-16 ちぐはぐな印象を与えるスライド

そこで，**6-16**のような見出しは太いゴシックで，本文は行書体のような組み合わせにしてみたとしよう．ゴシック体の"かっちり感"に比べて，行書体は非常に流麗な形で"和"のイメージが強いため，全体的に"ちぐはぐ"な印象を受けないだろうか．

これは，書体のもつイメージ，すなわち「個性」が全く異なることから，組み合わせにミスマッチが起きているためである．ファッションで言えば，着物の上にジャケットを羽織るようなものであろう．

では，上記違和感を解消するために，見出しも行書体にすればどうだろうか．

確かに"見た目上"は統一感が出るだろう．しかし，今度はスライドの「内容」との違和感が出てきそうである．つまり，このスライドの内容は「効果的な文字の使い方」であるが，その説明に，なぜ和のイメージが必要なのか，敏感な聞き手や読み手はそこに違和感を覚えるだろう．

例えば，このスライドの内容が「日本の文化について」であれば，視認性に若干問題が出てくると思われるが，行書体でも問題ないであろう．もっと極端な例えを言えば，権威ある学会で，女子高生が書くようなかわいい「丸文字」や，歌舞伎の看板で使われる「勘亭流文字」をふんだんに使用したスライドで発表することを想像してみてほしい．

おそらく，聞き手は研究内容が発する「科学」のイメージと，文字が発する「かわいさ」あるいは「江戸」のイメージのミスマッチに混乱することだろう．

"たかが書体"と軽く考える方もいるかもしれないが，人は自分で意識する以上に，視覚的なイメージに影響されるものである．したがって，**書体選びはスライドの内容や文字同士のマッチングに配慮して**，くれぐれも慎重に行ってほしい．

以上，すべて太いゴシック体あるいは明朝体で構成されたスライドや，ちぐは

ぐな印象を与えるスライドについて解説してきたが，これらを読みやすく改善したのが 6-17 である．

ここでは，見出しおよび本文をすべて適度な太さのゴシック体で統一した．先の3枚のスライドと文字の大きさや内容，レイアウトは全く同じである．それにもかかわらず，このスライドから受ける印象や読みやすさは随分変わるのではないだろうか．

6-17 書体の組み合わせに配慮したスライド

次に，文字の「大きさ」について考えてみよう．これは，前章でも述べたとおり，「スクリーンに投影する」か「手元の資料として印刷する」かによって適切な大きさは異なってくる．

いずれも聞き手や読み手の年齢やプレゼン環境を考慮しながら，実際のスクリーンにおける投影サイズを確認したり，資料を試し刷りしたりしながら，最も読みやすい大きさを調整していくのが一番である．

このように，**文字の"適切な大きさ"は聞き手や環境によって変わる**ため，一概にその具体的なポイント数や級数などを指定することはなかなか難しい．しかし，文字の大きさに対する配慮を少しでも感覚的に理解できるよう，以下，問題のあるスライド作成例について解説してみよう．

6-18 は，スライドの画面に対して文字が大きすぎる例である．文字のサイズが大きいために，画面いっぱいに文章が広がっており，これを実際のスク

6-18 文字が大きすぎるスライド

リーンに投影された状態で見た場合，かなり窮屈な印象を受けるだろう．

また，文字が大きいと当然1行に表示できる文字数も少なくなる．これにより，本文の箇条書きが2行に増え，2行目の文章が中途半端に短くなっている．その結果，行頭における文字の密度が高くなり，中黒（「・」）をつけていても，箇条間の区別がつきにくくなっている．

したがって，この程度の文章量であれば，箇条書きが1行に収まる程度に，文字の大きさを調整したほうが良いだろう．

6-19 は，先の議論とは逆に，文字が小さすぎるスライドの例である．同図の表現は少々極端かもしれないが，ここまででなくとも，目を細めて凝視しなければ読めないくらい文字を小さくしているスライドをしばしば見かける．

その場合，"文字縮小化"の原因は2つ考えられる．1つは，1枚のスライドに多くの情報を盛り込もうとして，結果的に文字が小さくなってしまった可能性，もうひとつは，ツールの制作/発表者が"格好良く洗練されたデザイン"にこだわり，スライドの文字をあえて小さくした可能性である．

前者は後で述べるように，**1枚のスライドに対する適切な情報量**が判断できていないことに原因がある．そして後者は，制作者や発表者が本来果たすべき，聞き手や読み手にとっての「わかりやすさ」「読みやすさ」への配慮を軽視していることに原因がある．

特に問題なのは後者の制作/発表者の"意識の問題"であり，プレゼンツールを見る/読む人間にとって何が一番大切か，改めて考えなければならないだろう．

以上，スライド作成における不適切な文字の大きさについて解説してきたがこれらを改善したのが 6-20 である． 6-18 ， 6-19 と同様に，見出しは本文よりも大きく表示している．そして，本文中のキーワードも，周囲の文字より若干大きく，太くすることで，その重要性が一目でわかるよう強調されている．

6-19 文字が小さすぎるスライド

このように，文字はすべて同じ大きさで統一するのではなく，サイズに"メリハリ"をつけると読みやすくなる．ただし，1枚のスライド内でやたらと文字の大きさを変え，キーワードとして数多くの語句を強調してしまうと，画面がうるさくなる上に，結果的にどの語句も目立たなくなるので注意が必要である．

6-20 文字の大きさにメリハリをつけたスライド

最後に，文字の「量」であるが，これは文章の「字数」「行数」「行間」から成り，この3要素のバランスによって読みやすさが左右される．特にスクリーンに投影されるスライドは，発表者の口頭による解説が主となり，時間的な制約もあることから，聞き手にじっくり読ませる余裕はない．

したがって，文字の分量はできるだけ少ないほうが良い．以下，文字の量に問題のあるスライド作成例について解説してみよう．

6-21 は文字が多すぎるスライドの例である．先述の **6-18** の例と同じく箇条書きが2行で表されており，画面がかなり"ごちゃごちゃ"した印象になっている．

今回は文字が大きすぎるからではなく，各箇条の説明が詳しく書かれているために文字量が増え，このような見た目になっている．

したがって，この場合は各箇条の文章について推敲するのが望ましい．具体的には，なくても意味が通じる無駄な言葉を探して省い

6-21 文字が多すぎるスライド

たり，より短い言葉に集約したりして，箇条を1行にまとめると画面もすっきりする上，文章の意味自体もシャープになることから，聞き手の理解がより深まるだろう．

6.2.2 色の使い方

次に色の使い方である．これは主に**配色**の問題に集約される．「配色」とは「2つ以上の色を組み合わせること」であり，その巧拙によって，スライドやその他プレゼンツールの読みやすさや印象が大きく変わる．

色には大きく分けて，赤，黄，青などの色味をもつ「**有彩色**」と，白，黒，灰色などの色味をもたない「**無彩色**」がある．すべての有彩色は「**明度**」（色の明るさ），「**彩度**」（色の鮮やかさ），「**色相**」（赤，青，黄などの色味の違い）の属性をもっており，これを「**色の三属性**」という．

一方，無彩色は三属性のうち「明度」しかもたないため，一番明るい白と一番暗い黒およびその間のグラデーション（灰色）でのみ構成される．

配色とは，上記の色の諸特性を理解した上で，視認性を高めたり，例えば「さわやか」「重厚」などの特定のイメージを表現したりするために，最も効果的な色の組み合わせを考えることである．

色彩および配色に関する理論は膨大かつ多岐にわたることから，紙幅の制約上，すべてを紹介することは到底できない．また，本書はモノクロ印刷のため，色の表現や理解にも制約が出ることは否めない．しかし，一番シンプルで簡単とも思える，モノクロ表現だけを取ってみても，見え方に様々な問題が発生する．

ここでは，モノクロ表現に限定されるが，色の使い方に問題のあるスライド作成例を参照しながら，効果的な配色のポイントについて解説してみよう．

6-22 は，使用色が多すぎるスライドの例であ

6-22 色数が多すぎるスライド

る．見出しである「色の理解」を見てほしい．1文字目の「色」は，文字の輪郭線は黒，中は白で表示されている．そして2文字目の「の」は灰色，3文字目の「理」は黒，最後の「解」は1文字目と同様に表示されている．

　はたしてこの見出しは読みやすいだろうか．おそらく，1文字ごとに色が異なるため，「色の理解」という言葉ではなく，「色」「の」「理」「解」というふうに，各文字を個別バラバラに認識する感覚になるのではないだろうか．

　実際に，ここまで短い言葉で，1文字ごとに色を変えている例はあまり見ないが，同図の箇条書き部分のように，1文の中で，頻繁に文字の色を変えている例はしばしば見かける．このような文字の配色に至る動機として，言葉の重要性を強調するために，あえてその部分の色を変えることが考えられる．

　しかし，上記のようにあまりにも「多くの言葉」を，一貫性のない「様々な色」で表示してしまうと，強調どころか，視覚的に言葉同士が "分断" されてしまうため，言葉すなわち意味のつながりを追うのが困難になる．したがって，非常に読みづらい文章になってしまうのである．

　モノクロの表示でさえ，配色によってここまで混乱を招くのである．無限ともいえる色味をもつ有彩色による配色の難しさたるや，推して知るべしであろう．

　有彩色の配色において，同図のような混乱を避けるためには，まず見出しや本文の基本となる色を例えば黒などに決めておく，強調したい言葉は適当な数まで十分に絞り込んだ上で，個別バラバラではなく特定の色，例えば赤に変える．この際，強調する色は本文やスライドの背景よりも目立つ色でなければならない．特に，黄色や黄緑，水色などの明るい色は，背景が黒や紺など，暗い色の場合はよく目立つが，白の場合は画面から "消えたように" 見えることがあるため，気をつけなければならない．

　また，本文の色が黒の場合，強調色として同じように暗い（＝明度が低い）紺や紫を使うと，同化して見えることから全く目立たないため，注意が必要である．文字の使用色は，スライドの背景との配色も考慮したうえで，基本的には見出しに1色，本文に1色，あるいは両方合わせて1色，強調したい語句に1色と考えて，2～3色までが適当であろう．

　次の 6-23 は全体的に視認性が低いスライドである．これはスライドの背景色と文字が灰色で表示され，両者の色の明るさ（明度）にあまり差がないことから，互いに同化し読みづらくなっている．

モノクロ表現の場合，ごく薄い灰色と黒という組み合わせであれば，視認性は確保できるだろうが，同図のように，背景全面を灰色にしてしまうと，画面全体が薄暗い印象になってしまうため，背景は白にしたほうが無難である．

また，有彩色の場合は先述のとおり，例えば薄い色の背景には暗い/濃い色の文字を，反対に濃い色の背景には明るい/薄い色の文字というように，**対比的な組み合わせ**を心がけるようにしてほしい．当然ながら，配色によって視認性を高める工夫は，スライドの背景と文字の組み合わせだけでなく，そこに配置されるイラストや図表などについても施さなければならない．

6-24 は，背景と文字色のコントラストが強すぎる例である．6-23 とは対照的に，文字がはっきりと読み取れ視認性に関しては何の問題もない．

しかし，このスライドを実際に大きなスクリーンに投影された状況で，長時間あるいは何枚も見続けることを想像してほしい．このあまりにもコントラストの強いスライドに，聞き手や読み手の目は疲れてしまうだろう．

実際，スクリーンに投影するスライドでは，同図のようにモノクロで表現することはあまりなく，有彩色を使用する例がほとんどである．著者が実際に見た例では，「鮮やかな赤やピンクの背景に白抜き文字」「紺色の背景に黄色の文字」の組み合わせなどのスライドで，長時間見続けている

6-23 視認性が低いスライド

6-24 コントラストが強すぎるスライド

と，目がチカチカしてきて苦痛を感じた経験がある．

このような配色のスライドは，目を疲れさせるだけでなく，プレゼンにおけるイメージの演出においても，その"どぎつさ"から，洗練とはほど遠い"野暮ったい"印象を与える可能性があるので，注意しなければならない．

以上，色の使い方について様々な観点から述べてきた．配色の巧拙については，個人のセンスによるところも大きいが，センスに自信がない人も，まずは聞き手や読み手の立場から「文字や図表などがはっきり読めるか」「読み続けて目が疲れないか」ということを最優先してスライドを作成してほしい．その上で，格好良い，あるいはお洒落などのイメージを演出する配色について検討するべきである．

このような配色のセンスを磨くには，きちんと基礎理論を学ぶことが理想的だが，なかなかそうもいかない読者も多いだろう．そこで，著者がお勧めしたいのが，皆さんが格好良い，あるいはお洒落だなと思う雑誌やポスターの配色をそのままスライドで真似てみることである．スライドの場合，色の使用数に制約は出てくるだろうが，この作業を通じて，想像以上に配色のコツがつかめるだろう．

6.2.3 レイアウト

これまで，「文字」および「色」の使い方について個別に述べてきた．ここでは，上記の文字やその他のビジュアル要素をスライド画面に対して，どのように配置するかという**レイアウト**の問題について述べる．

スライドに限らず，プレゼンツールの最大の目的は，「**聞き手や読み手に，情報やメッセージを正確に伝えること**」である．これを達成するためには，そのツールが，相手にとってわかりやすいか，また，興味・関心を引くかという点をクリアしなければならない．

まず，相手の「わかりやすさ」（理解力）を高めるポイントは，掲載する**情報の集約**と**順位付け**および**視線の流れ**をいかに効果的に行うかにある．

さっそく上記3つの問題を含むスライド作成例について解説してみよう．

6-25 は情報がうまく集約されていないスライドの例である．これまでの例図では，本文は箇条書きで表されていたが，同図では「プレゼンの目的」と，「相手の理解力を高めるポイント」という2つの内容について，長い文章で書かれている．

図6-25 情報がうまく集約されていないスライド

このように，1つの文が長ければ長いほど聞き手や読み手にとって「何が言いたいのか」「重要なポイントはどこにあるのか」がわかりにくくなる．

これまで述べてきたとおり，スライドをスクリーンに投影する場合，発表者の解説時間に合わせて，聞き手がスライドを確認する時間は限られることから，じっくり「読む」ことはできない．したがって，例えば文章は箇条書きにするなど，できるだけ情報をコンパクトに集約する必要がある．文章の集約方法については，**6-21**「文字の多すぎるスライド」でも述べているためここでは割愛する．その他の集約方法としては，すべてを文章で表すのではなく，例えば，マークやイラスト，図などで表現する方法が考えられるだろう．

ただし，上記情報を集約しただけでは不十分である．もし，それらの情報の中で，発表者として伝えたい/強調したい重要なメッセージや語句があるのであれば，情報の「順位付け」をきちんと行った上で，それを**一番重要なものから順に目立たせる**ようにレイアウトする必要がある．

上記の具体的な方法としては，①重要な情報ほど「上」に「大きく」配置する．②その際，他の情報とは異なる配色を施したり，枠で囲んだりして差別化するなどがある．

このように，情報を集約し，順位付けを行った上で目立たせたのが **6-26** のスライドである．

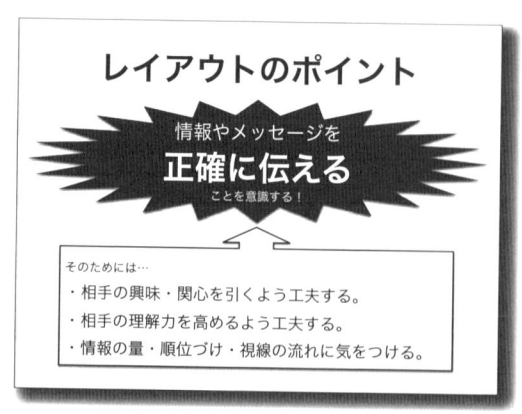

図6-26 情報を集約し目立たせたスライド

6.2 プレゼンツールのデザイン

同図では，このスライドの一番重要なメッセージである「情報やメッセージを正確に伝える」という1文を，インパクトのある黒い星形の枠内に白抜き文字で表示し，スライド上部に配置することで，しっかりと目立たせている．そして，そのメッセージを達成するための要件を，上向きの矢印がついた枠内に箇条書きで表示することで，両者の関係をビジュアル的に表現している．もちろん，同図のレイアウトはほんの一例であり，情報の集約方法や目立たせ方は無数にあることは言うまでもない．

次の **6-27** は本文のレイアウトが視線の流れに逆らうスライドの例である．小説などの書籍や雑誌，新聞類は「縦書き」のものが多いが，通常，ビジネス文書やプレゼンのスライドのほとんどは**横書き**である．つまり，文字を左から右に並べ，上から下に行数を増やしていく形で文章を作成しており，読む側もその形式に慣れている．

したがって，スライドの文章が，同図の見出しと箇条書き部分のように縦書きである場合，普段の左から右へ動かす視線の流れと異なるために非常に違和感を覚えることだろう．

また，横書きであったとしても，同図の左下にある「スライドのレイアウトは～」という文章のように「右揃え」になっている場合も，通常左の文頭がきちんと揃う「左揃え」に慣れている我々にとっては読みづらいと感じるのではないだろうか．ちなみに，スライドで「右揃え」にしても違和感がないのは，例えば表紙に表示する発表者の所属や名前など，短い内容で1～2行内に収まる情報である．

以上から，スライドの特に文章のレイアウトに関しては，基本的に「横書き」の「左揃え」あるいは「中央揃え」や「両端揃え」にしておくのが無難であろう．

ここまで，ツールの「わかりやすさ」の観点からスライド作成のポイントにつ

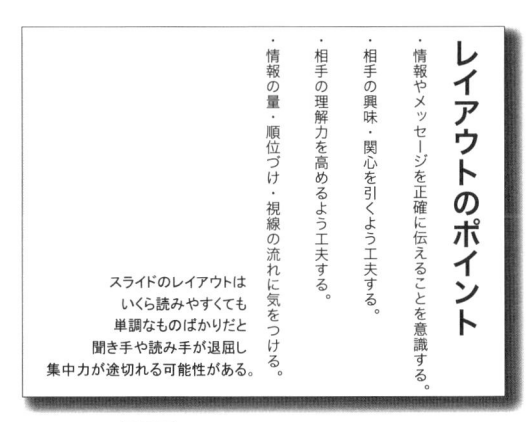

6-27 視線の流れに逆らうスライド

いて解説してきた．しかし，わかりやすいだけでは，必ずしも相手に伝えたい情報やメッセージが正確に伝わるとは限らない．なぜなら，例えば，**わかりやすいが"単調"なスライド**である場合，聞き手や読み手は退屈し，集中力を欠くかもしれないからである．

　前章で述べたとおり，スライドをスクリーンに映し出す場合，プレゼンの主役は発表者であり，スライドはあくまでも，その発表を補完するものでしかない．したがって，スライドが少々単調でも，"解説のうまさ"によって，聞き手の集中力を維持することはできる．しかし，発表者の解説が"うまくない"場合や，発表者の解説なしでスライドを読まなければならない場合，その単調さがツールに記載されている内容への興味・関心を失わせ，最後まで読むのを諦めさせてしまうことも少なくない．以上から，他のプレゼンツールも含めて，スライドは「わかりやすさ」をクリアした上で，聞き手や読み手の「興味・関心」を引くよう工夫しなければならない．この興味・関心を引くためのポイントは，わかりやすさを高める場合とも共通しているが，"メリハリ"すなわち「変化のつけ方」の問題に集約される．

　それでは，上記問題を含んだスライド作成例について解説してみよう．

　6-28 は，わかりやすいが単調なスライドの例である．同図は，箇条書きですっきりとまとまっており，重要な語句もきちんと強調されて読みやすい．ちなみに **6-20** と同じ考え方でデザインされたものである．

　これ1枚だけを見れば，シンプルでわかりやすいスライドだが，もしもこの箇条書き形式のスライドを何十枚も続けて見せられたらどうだろうか．おそらく，聞き手は同じようなスライドの連続に退屈してしまうだろう．それだけならまだしも，例えば発表者が，話の途中でスライドを前後させても，注視していないかぎり，切り替わったことに気づかない可能性すらあ

レイアウトのポイント

・情報やメッセージを**正確に伝える**ことを意識する。
・相手の**興味・関心を引く**よう工夫する。
・相手の**理解力を高める**よう工夫する。
・情報の**量・順位づけ・視線の流れ**に気をつける。

6-28 わかりやすいが単調なスライド

る．

　このように，スライドの枚数にもよるが，シンプルで読みやすいデザインは時として単調を生み，正確な情報の伝達を妨げることがある．

　以上の議論から 6-28 をベースにしてスライドが単調にならないよう"メリハリ"を出したのが 6-29 である．

6-29 メリハリのあるスライド

　同図では，見出しに斜体（イタリック体）をかけ，両サイドにラインを入れることで，余白の多い背景を引き締めている．また，箇条書きの内容はそのままだが，文頭の中黒を，より大きくて目立つ菱形マークに変えることで，箇条の区分も明確になっている．

　そして，スライド下部にはイメージが膨らむよう，箇条書きの内容と関連したイラスト，すなわち文字を追う目や視線を表す矢印，クエスチョンマークの入ったスライド画面などを配置している．その際，イラストは波状に流れるように配置したり，わざと画面から切れるようにしたりして，動きを出している．

　このように，レイアウトに様々な"変化"をつけることで，"動き"が生まれ，その動きが"メリハリ"のあるスライドを作る．ただし，本文に動きをつけると読みづらくなる可能性があるため，上記のように，イメージイラストや写真の配置を工夫するところから始めてみると良いだろう．

6.2.4　ルール

　前項では，スライドのレイアウトについて，わかりやすく，かつ"メリハリ"のあるデザインの考え方や作成方法について述べてきた．しかし，スライドにメリハリさえつければ良いのかと問われれば，「NO」と言わざるを得ない．

　その理由については後で詳しく述べるとして，まずは著者の「自己紹介」をテーマにした下記の 6-30 ～ 6-34 を見てほしい．

6-30 自己紹介スライド「表紙」

6-31 自己紹介スライド「出身」

6-32 自己紹介スライド「趣味」

著者の5枚の自己紹介スライドを見てどのような印象を受けただろうか．まず，1枚ずつ解説してみよう．

6-30 は表紙となるスライドであり，「もっと知りたくなる！高橋志織の魅力まるわかり大図鑑」というタイトルがついている．プレゼンは，中身も大切だが聞き手や読み手の関心を高めるような，"キャッチー"なタイトルをつけることも大変重要である．

上記タイトルのイメージを表す切り口として，図鑑を広げた形を連想させる飾り枠をタイトルの背景に配置し，それを著者自身のキャラクターが虫眼鏡で覗いている構成にしている．タイトルの文字は，太めのゴシックで「大図鑑」の部分を他の文字よりも少し大きくすることで迫力を出している．以上，この表紙デザインから「図鑑」のイメージがそれとなく伝わってくるだろう．

6-31 からは，著者自身

に関する具体的な情報が紹介されていくが，同図では「出身」をテーマにして，岡山に関する情報が簡単に記載されている．

まず，タイトルは太めの丸ゴシック体で「出身：岡山生まれの岡山育ち」と書かれ，下線を引いて下のビジュアル部分と区別している．続いて，出身地である岡山県の位置をわかりやすく説明するために，スライドの右端に日本地図を配置し，そこから吹き出しをつけて，その中に中国地方の地図を入れている．また，その中でも岡山県の具体的な場所がわかるよう，同県だけ黒く塗りつぶし，著者が住んでいる岡山市のあたりに印をつけ「ココ」と白抜き文字で記している．そしてスライドの左下に岡山の名物である晴天，桃，うらじゃ祭りなどを簡単に挙げている．

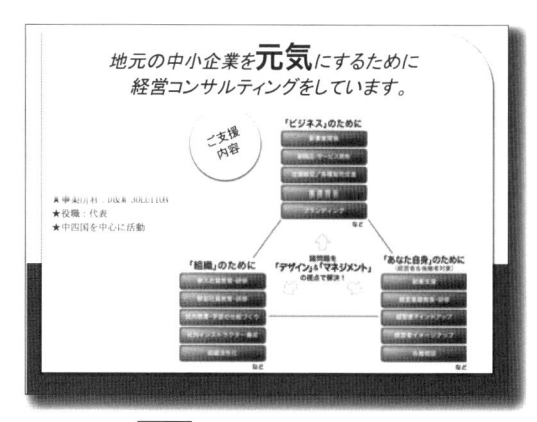

6-33 自己紹介スライド「職業」

6-34 自己紹介スライド「将来の夢」

次の 6-32 は，著者の「趣味」である肉の食べ歩きについて紹介している．同図では，タイトル文字の「趣味」を太めの明朝体に斜体をかけて表示している．そして，趣味の内容を箇条書きで簡単に示している．背景には薄い灰色の大きな円を規則的に並べ，にぎやかでポップな印象を演出している．そして，スライドの中央に，シズル感あふれるステーキの写真を配置することで，肉の美味しさや魅力をダイレクトに伝えようとしている．

また， 6-33 は，著者の「職業」について紹介しているが，ここでは見出し

部分に「地元の中小企業を元気にするために経営コンサルティングをしています」という文章を載せている．そして，その下にコンサルティングの支援テーマとして，「ビジネス」「組織」「あなた自身」の3分野にカテゴライズされた具体的な支援項目/構成を並べている．中央に「諸問題を「デザイン」＆「マネジメント」の視点で解決！」というコンセプト/キャッチコピーを入れ，上記3分野にそれぞれ同コンセプトが活かされることを矢印で表している．つまり，上記は支援内容を示す構成/関係図となっている．

また，左の余白部分には事業所名や役職などを簡単に記載し，見出し部分の文章や構成/関係図をまとめて一角が丸みをおびた枠内に収めている．同枠の背景には黒い帯を配置することで，スライドに対する視線を下方向に固定し安定感を出すとともに，配色のコントラストの強さでメリハリを出している．

最後の 6-34 は，「将来の夢」について紹介している．見出しは少し変わった雰囲気をもつ隷書体で書き，その下に，40歳，50歳，60歳ごとの夢を矢印のついた枠内にプロセス図として具体的に示している．上記図内には，各夢の内容をイメージしやすいようビルや書籍，海辺の写真を，それぞれ角度や大きさを変えて配置している．これらの写真とともに，背景の上下には大小様々な花柄を配置することで，スライド全体に動きを出している．

以上，自己紹介のスライドデザインについて解説した．1枚1枚に注目してみれば，"わかりやすさ"とともに，"メリハリ"をつけるために，様々な工夫を施していることがわかるだろう．しかし，問題は各スライドを5枚通して見た場合，上記のメリハリのつけ方に"一貫性"すなわちルールがないということにある．

例えば，スライドの見出しに使用されている書体は，スライドによって「丸ゴシック体」「明朝体（斜体）」「隷書体」と異なっており，記述の仕方も「趣味」や「将来の夢」など，端的に表す場合もあれば，職業のスライドように「説明文」になっている場合もある．また，背景にしても無地や大きな水玉，黒い帯，花柄など，すべてバラバラである．さらに言えば，当初の「大図鑑」というコンセプトが，表紙以外のスライドにイメージとして全く反映されていないことも気になる点である．

では，上記の問題はどのように解消すれば良いのだろうか．1つの改善例として作成したのが 6-35 〜 6-39 である．

まず，6-35 の表紙では当初自分をモチーフにしたキャラクターを使ってい

6.2 プレゼンツールのデザイン

たが，親しみやすさを出すには良いものの，少々"幼稚"な印象が出てくることから今回は削除した．その代わりに大きな虫眼鏡の写真をスライドの斜め下に配置した．これは，聞き手/読み手自身が，この図鑑をのぞき込んでいるような感覚になることを狙っているためである．そして，背景の図鑑を連想させる飾り枠は写実的な虫眼鏡の表現に合わせて立体的でリアルな図鑑のイラストへと変更した．

上記のように，図鑑としての表紙のイメージを引き継ぎ，ツール全体に"一貫性"をもたせるべく，6-36 以降のスライドでは下記のように様々な「ルール」を設定した．①見出しの表示方法を図鑑や事典の雰囲気に近づけるために，すべて「【出身】岡山県」など，「単語」と「端的な解説文」の組み合わせに統一する．②スライドの背景を図鑑の「めくれたページ」に見えるように統

6-35 自己紹介スライド「表紙」改善例

6-36 自己紹介スライド「出身」改善例

6-37 自己紹介スライド「趣味」改善例

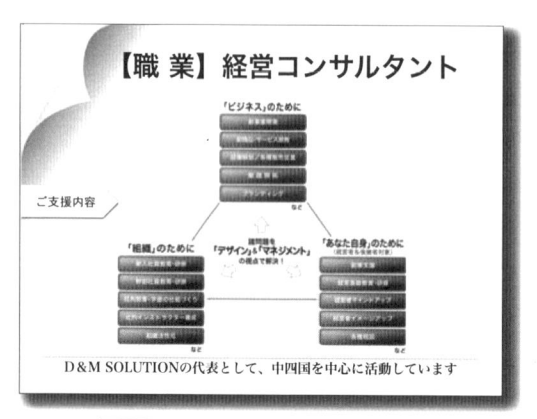

6-38 自己紹介スライド「職業」改善例

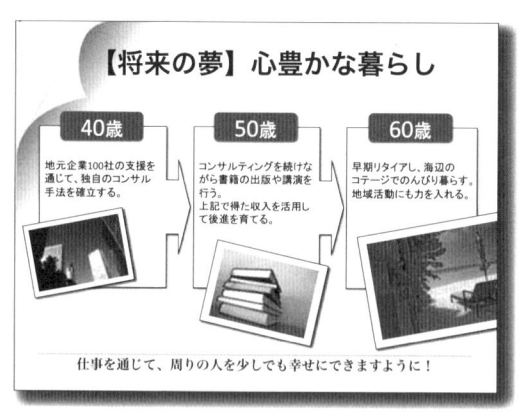

6-39 自己紹介スライド「将来の夢」改善例

一する．③スライド中の解説文は，すべてスライドの下部にラインを引き，その下に配置する．

各スライドに掲載している情報は，細かな文言の修正などは別として，ほとんど変えていないにもかかわらず，上記3点のルールに沿ってデザインしただけで，随分印象がまとまって見えたのではないだろうか．

このようにデザインを統一していくと，単調で退屈なスライドになるのではないかと危惧する方もいるかもしれない．しかし，各スライドにおける情報は，「地図」「写真」「構成/関係図」「プロセス図」と様々な切り口でビジュアル化しているため，単調さを感じることはほとんどないだろう．むしろ，様々な切り口で情報をビジュアル化し提示するときほど，ツール全体におけるデザインの一貫性を保たなければ，**イメージの分断**が進んでしまうと言えよう．

本節では，プレゼンツールのデザインについて，様々な観点から述べてきたが，プレゼンソフトに組み込まれているテンプレートを活用すれば，"それなりに格好良い"スライドが"お手軽に"作れてしまうのも事実である．しかし，テンプレートだからといって必ずしも読みやすいデザインであるとも限らない．実際に格好良さや派手さばかりで，聞き手にとって読みづらいスライドデザインも多い．

以上から，テンプレートを活用する場合もそれを盲信するのではなく自分がオ

リジナルでデザインしたスライドと同じように，文字や色，レイアウトのバランスや一貫性について客観的かつ厳しい目で見直してみてほしい．

> **practice**　本章で紹介した，情報をビジュアル化するための様々な切り口を活用して，自己紹介スライド（5枚程度）を作成せよ．作成にあたっては，スライドの「イメージ・コンセプト」を決め，それに沿った統一感のあるデザインを心がけること．

索　引

あ行

アイコン　116, 122
アイコンタクト　11
　　──「あり」の訓練　17
　　活きた──　14
　　軌跡移動式──　21, 22
　　左右120度式──　22, 24
　　集団への──　20
　　死んだ──　14
　　対面式の──試行　13
　　──と相づちの効果　19
　　独学による──徹底訓練　25–27
　　──「なし」の訓練　19
　　──なしの質疑応答　76
　　──の軌跡　15
　　──の好例　16, 22, 24
　　──の適切な軌跡　14
　　──の徹底訓練　17
　　──のビジュアル化　2
　　──の目的　12
アイコンタクト時間　13, 14
　　独学による──の確認　13
相づち　11, 15, 16
　　アイコンタクトと──の効果　19
　　──「あり」の訓練　17
　　──「なし」の訓練　18
　　──の徹底訓練　17
頭が真っ白になる状況　55
アナログ感　113
アニメーション機能　93
アピールポイント　95
綾小路きみまろ「爆笑！スーパーライブ」　16
暗記原稿の棒読み　62

意識の集中　108
一貫性　144, 145
1分間プレゼン訓練　5
　　「原稿あり」の──　5, 6
　　「原稿なし」の──　7
移動速度　47
移動パス　47
イメージ　107, 115, 134
　　──の分断　146
イラストレーション　118, 127
色　127, 134
　　対比的な──の組み合わせ　136
　　──の三属性　134
色分け　111, 122, 125
違和感　130, 139
インデペンデンス・デイ（映画）の大統領演説　35

映像　107
エピソード　56, 100
　　──のキーワード化　86
エピソード原稿　85
エピソード創作　84
演出過剰　95

OS　94
オバマ大統領「勝利演説」　24

か行

顔　116
顔の表情　30, 49
　　口隠しプレゼンと──　34
　　──の好例　49
顔の向き　47
学位論文公聴会　65
学術講演　68
　　──時に演台へ持参すべきもの　68
　　──状況　68
　　──スタイル　71
　　──の採択可否の連絡　66
　　──の手順　66
　　──の徹底訓練　78
　　──の徹底訓練〈採点表〉　78
　　──の申し込み　66
　　──練習　66
　　──論文の提出期限　66
学術講演会　65, 68
　　──における良い講演　70
　　──のスケジュール　66
箇条書き　132
価値　98
カラー印刷　103
体で覚える訓練　1, 2
環境　91
関係図　124
感情移入　116
関心の度合い　91

企画書　96, 97
聞き手
　　──の態勢　93
　　──の年齢・体力・知識のレベル　91
企業の研究報告会　65
記号　123
喜怒哀楽　49
キーパーソン　21
機密情報　98
キャラクター　116, 142, 144
級数　131
行間　133
行書体　130
行数　133
記録版　109
キーワード　132
キーワード化　82
キング牧師"I have a Dream"　8

空間　106
クセ言葉　60
　　──の排除法　60
具体性　80
具体的エピソード　84
口隠しプレゼン　34
クライアント　97, 98
グラフ　120

索　引

繰り返し単語　81
グループ実習　112
グループメンバーの学び　112

形状　106
結果　125
原因　125
原稿　→プレゼン原稿
原稿構成　82
　　——の考察　83

講演　→学術講演
効果音　107
講習会　65
構成図　123
構造　106
互換性　94
黒板　109
ゴシック体　128
コスト削減　102
語勢　29, 34
　　——強調の好例　35
　　語尾——の強調　62
　　——の訓練　38
　　——を強調するキーワード　37
コミットメント　110, 113
コミュニケーションの基本テクニック　11
コントラスト　136

さ　行

彩度　101, 134
座長　67
3分間プレゼン〈採点表〉　52
3分間プレゼン試験　54
　　——の感想　56
　　——の緊張と解消法　55
3分間プレゼン徹底訓練　29, 51
　　——の感想　53
三遊亭圓楽「厩火事」　49

ジェスチャー　30, 39
　　自然体——　57
　　——付きの講演　71
　　手のひら——　45
　　——の訓練　41
　　——の効果　40
　　——の好例　42

　　——の説得力とアピール力　46
　　——の典型的な形態　40
　　——のビジュアル化　2
　　——は難しい　45
　　——はやさしい　45
　　指さし——　42
視覚的な表現　114
時間配分の適正化　4
色相　134
CG　118
指示棒　68, 73
　　——の逆手つかみ　74
　　——の正しい使い方　73
　　——の無駄な動き　75
　　——のメリットとデメリット　73
字数　133
シズル感　117, 143
視線の流れ　137, 139
質疑応答　69
　　アイコンタクトなしの——　76
　　——での的外れな回答　77
　　悪い——　76
「質」による本質的な判断　99
質問　100
質問投げかけ法　58
視認性　129, 134, 135
社会人としての最強の武器　3
社外秘　98
写真　117
集中力　91, 140
重量感　128
使用感　106
商標　115
情報
　　——の充実化および一体化　107
　　——の集約　137
　　——の順位付け　137, 138
　　——の整理・伝達　94
　　——のビジュアル化　114
書体　128–130
　　ユニークな——　129
触覚　106
書類　96
「人格」　116
シンボルマーク　114
心理的反応　12

図案化　114
　　機能や事象の——　116
スクリーン
　　——と印刷物の色の見え方の違い　101
　　——との見合い　74
　　——への背中合わせ　75
スティーブ・ジョブズ　38
ストーリー仕立て　108
ストーリー性　56, 80
ストーリー展開　5
ストレス　93, 94
スライド
　　1枚の——に対する適切な情報量　132
　　投影用——　99
　　——の印刷方法　101
　　不完全な——　100
　　わかりやすいが"単調"な——　140

成果　99
製作コスト　106
静止画　93
静態的視点　126
製品の魅力　91
声量　29, 30
　　地声の——　30
声量拡大法　31, 32
絶句　64
説得力　98
　　ジェスチャーの——　46
　　——のある原稿作成ルール　80
　　——のあるプレゼン法　2
　　——の欠如したロボットプレゼン　8
節約　103
セミナー　65
台詞　107

双方向性　110
即応性　109
素材　106
卒業論文発表会　65

た　行

体験型実験　18
タイトル　142
縦書き　139

索　引

単調　141

地図　121
著作権　109, 117

テイスト　119
手書き　113
　──の文字　110
データ化　92
デフォルメ　123
テーマ　122
テンプレート　92, 146

動画　107
　──の「構成・演出・編集」
　　108
同化　135
統計　120
動態的視点　126
特別・招待講演会　65

な　行

内容の理解　108
ナレーション　107

は　行

配色　129, 134, 135, 136
パソコン
　──カーソル　71
　──接続　67
　──のぞき込み　72
発声練習　32
発表時間　63
発表者
　──の緊張度　55
　──のペース　100
話すスピード　10
　──の変化　11
　　自分の個性に適した──　10
パネル　103
パワーポイント　90, 92, 127
板書　110
ハンドフィンガー講演　76
非言語的コミュニケーションテ
　　クニック　30, 39
　──の効果　39
ビジュアル化　94, 114
非対面型学生　15, 53

左揃え　139
筆記用具　68
表紙　142

フッター　116
プレゼン　1
　演劇型──　59
　学術講演会における──　65
　口隠し──と顔の表情　34
　「原稿あり」と「原稿なし」
　　──の差異　7
　自分の個性に合った──　59
　心理的感情の良い──　19
　──すべき項目の推敲　4
　──題目法　58
　独学による「原稿あり」と「原
　　稿なし」──の差異確認
　　23
　──の種類　65
　──の「内容」「聞き手」「環
　　境」　92
　──の難易度　18
　良い──例　56
　笑いの取れる──　58
　悪い──例　60
プレゼン原稿
　──作成の徹底訓練　87
　──の作成　4, 66, 80
　──の棒読み　62
　──は作成すべきか？　3
　──は読むべきか？　5, 8
　──を作成した場合の利点
　　4
　──を読まない演説の好例
　　8
　──を読まない場合の利点
　　8
　1分間──　3
　説得力のある──　80
プレゼンソフト　92
　──の活用スキル　93
　──の操作スキルが高いがゆ
　　えの演出過剰　95
プレゼンツール
　──の使用特性　90, 92
　発表者の言葉を補足する──
　　97
プレゼンテクニック
　──のビジュアル化　1, 2
　高度な──　29

プレゼン場馴れ　55
プレゼン比率　63
プロセス（図）　126
文脈　102

ヘッダー　116
部屋の大きさ　32

ポイント数　131
棒グラフ　120
褒められ法　55
ホワイトボード　109

ま　行

間合い　10, 29, 34, 35
　──の訓練　37
　──の好例　36
　──のタイミング　36
　適切な──　10
マイク　32
　──設備　32
　──の種類　33
　──離し間合い法　56, 57
　適正な──距離　33
　両手──　61
マイケル・サンデル教授「白熱
　　教室」　22, 42, 48

右揃え　139
明朝体　128

無彩色　134
虫喰い状態　100
無人　103
ムーブメント　30, 46
　──の効果　47
　──の好例　48
　熱弁型──　58

明度　101, 134
メッセージ　138
目の空中遊泳　62
メモ　96, 102, 110, 111
メモ用紙　68

模型　105
文字　127
　──縮小化　132
　──の大きさ　131
　──の量　133

模造紙　112
モチーフ　114, 116
元原稿　80
モノクロ印刷　103
　——表現　134, 136

や　行

矢印　125, 127

有彩色　134, 136
有人　103
ユーチューブ　109
指さし　43
　——に関する学生からの助言　44
　——に関する学生の指摘　42
　——に関するディスカッション　43

要約　96, 97
横書き　139
予習　100
予測不可能性　110
読み方のルール　125

ら　行

リアリティ　118
理解度
　——の回復　9
　——の把握　9
　——を高める　12
立体物　106

両端揃え　139
臨場感　108, 117

ルール　127, 141, 145

レイアウト　127
レーザーポインター　68, 72
　近すぎる——　73
レジュメ　96, 99

朗読　96
ロボットプレゼン　8, 10

わ　行

わかりやすさ　137, 139

著者略歴

塚本真也（つかもとしんや）
- 1952年　岡山県に生まれる
- 1983年　京都大学大学院工学研究科博士課程修了
- 現　在　岡山大学工学部教授
　　　　　工学博士
- 主　著　『知的な科学・技術文章の書き方』（コロナ社）
　　　　　『知的な科学・技術文章の徹底演習』（コロナ社）
　　　　　『科学技術英語論文の徹底添削』（コロナ社）
　　　　　『創造力育成の方法』（森北出版）
　　　　　『知的な科学・技術文章の徹底演習〜論文作成編』（岡山大学出版会）
　　　　　『個性判定〜個性を知れば良い対人関係が築ける』（岡山大学出版会）
　　　　　『研削加工の計測技術』（養賢堂）

高橋志織（たかはししおり）
- 1976年　岡山県に生まれる
- 2008年　岡山大学大学院文化科学研究科修士課程修了
- 現　在　経営コンサルタント（D&M SOLUTION 代表）
　　　　　岡山大学大学院非常勤講師（副専攻コミュニケーション教育コース）
　　　　　MBA（経営学修士）

学生のためのプレゼン上達の方法
―トレーニングとビジュアル化―

定価はカバーに表示

2012年9月25日　初版第1刷
2015年2月20日　　　第4刷

著　者　塚　本　真　也
　　　　高　橋　志　織
発行者　朝　倉　邦　造
発行所　株式会社　朝　倉　書　店
　　　　東京都新宿区新小川町6-29
　　　　郵便番号　162-8707
　　　　電　話　03(3260)0141
　　　　FAX　03(3260)0180
　　　　http://www.asakura.co.jp

〈検印省略〉

© 2012〈無断複写・転載を禁ず〉　　新日本印刷・渡辺製本

ISBN 978-4-254-10261-1　C 3040　　Printed in Japan

JCOPY　<（社）出版者著作権管理機構　委託出版物>

本書の無断複写は著作権法上での例外を除き禁じられています。複写される場合は、そのつど事前に、（社）出版者著作権管理機構（電話 03-3513-6969, FAX 03-3513-6979, e-mail: info@jcopy.or.jp）の許諾を得てください。